WIENER SAGEN

Wiener Sagen

erzählt von

Franz Sales Sklenitzka

und illustriert von

Theodor Eberle

J&V

ISBN 3-224-11255-7 Jugend und Volk Wien
Einband: Bruno Wegscheider unter Verwendung einer Illustration von Theodor Eberle

Satz: Atelier Vogel, Korneuburg
Druck und Bindung: Wiener Verlag

Inhalt

Hans Puchsbaum 7
Als Hans Puchsbaum am Stephansdom baute

Der Stock im Eisen 19
Als man beim Stadttor einen Sperrkreuzer zahlen mußte

Die Dienstbotenmadonna 29
Als die Dienstbotenmadonna in den Stephansdom kam

Die schwarze Wolke 34
Die Heuschrecken über der Josefstadt

Der Basilisk 39
Als man das Wasser noch beim Brunnen holte

Die Bärenmühle 49
Als am Wienfluß die Mühlen klapperten

Die Löwenbraut 54
Als das Neugebäude Sommerschloß war

Die Spinnerin am Kreuz 59
Als die Kreuzritter ins Heilige Land zogen

Der Teufel an der Wand oder Das Haus zum roten Mandl 68
Als der Schwarzkünstler Faust seine Späße trieb

Die Teufelsmühle am Wienerberg 76
Als Reisende unter die Räuber fielen

Der Teufel auf dem Bisamberg 82
Als das Kahlenbergerdorf selbständig war

Das Wassermännlein in der Wien 87
Als die Wien noch ungebändigt floß

Der dreizehnte Glockenschlag 92
Als Ferdinand von Prag nach Wien übersiedelte

Der Teufel im Krapfenwaldl 97
Handwerksburschen auf der Wanderschaft

Das Donauweibchen 101
Als die Donau über die Ufer trat

Die Lichtsäule in Penzing 109
Als die Türken nach Penzing kamen

Der Sackpfeifer Augustin 114
Als in Wien die Pest wütete

Das Gespenst in der Stuwerstraße 121
Als die Wiener „Affen schaun" gingen

Das Agnesbrünnl 135
Als die Wiener ihr Glück im Kleinen Lotto versuchten

Der Schatz im Lehnstuhl 141
Als der Fall Josephine Haas die Bürger bewegte

Hans Puchsbaum

Der Dombaumeister von Sankt Stephan, Hans Prachatitz, war ein gebrochener Mann. Er fühlte sich schuldig; schuldig am Tod seines guten Gesellen Hans Puchsbaum. Und schuldig am Unglück seiner eigenen Tochter Maria.

Man schrieb das Jahr des Herrn 1435. Drei Jahrhunderte lang wurde bereits an der Stephanskirche gebaut. Hans von Prachatitz galt in Wien als der Schöpfer des Domes, doch das prunkvolle Gotteshaus war nicht allein sein Werk. Prachatitz hatte die alten Pläne des Meisters Michael Knab verwirklicht. Und den schwierigsten Teil, die Einwölbung des Hauptschiffes, hatte ihm einer abgenommen, der jetzt tot war und außerhalb des Stephansfriedhofs verscharrt wurde wie ein räudiger Hund. Einer, von dem es hieß, er sei mit dem Teufel im Bunde gewesen und seine Seele sei verloren für alle Ewigkeit.

Hans Prachatitz konnte und wollte es nicht glauben. Ausgerechnet Hans Puchsbaum sollte dem Teufel zum Opfer gefallen sein? Puchsbaum war sein bester Schüler gewesen, sein tüchtigster Gehilfe, sein verläßlichster Kamerad. Auch sein bester Freund? Nein, sein Freund war Hans Puchsbaum nicht gewesen. Aber das, dachte der alte Baumeister zerknirscht, mußte der sich selbst zuschreiben. Hans Puchsbaum hätte sein bester Freund und sein Schwiegersohn werden können, wenn er, Prachatitz, nur gewollt hätte.

Prachatitz war der Meister. Puchsbaum, der zwanzig Jahre jüngere, der Geselle. Aber wenn der Meister dem Gesellen zusah, wie er Pläne zeichnete oder mit geschickten Händen Hammer und Meißel ansetzte, um den Sandstein zu bearbeiten, dann mußte er – schweren Herzens – zugeben, daß dem Hans

Puchsbaum alles leichter fiel als ihm. Nein, Prachatitz konnte nicht einen zum Freund haben, der alles geschickter anpackte als er selbst, der große Meister. Der Schüler wuchs dem Meister über den Kopf. Die besten Werkleute, die fähigsten Steinmetzen, die geschicktesten Maurer – alle wollten immer nur für Puchsbaum arbeiten. O ja, Prachatitz verstand sie sehr gut. Es ging etwas von Hans Puchsbaum aus, was Prachatitz nicht hatte: eine angeborene Freude, eine Freude am Leben wie an der Arbeit; und diese Freude übertrug sich auf alle, die mit Puchsbaum zu tun hatten. Wenn es um seinen besten Schüler, um Hans Puchsbaum ging, dann kämpften in Prachatitz immer Bewunderung und Neid um die Oberhand.

Doch dann kam zur Bewunderung und zum Neid noch die Eifersucht. Prachatitz war Witwer; ein einsamer Mann, zu dem man nicht leicht Zugang fand, der selten lachte, weil er selten Grund zur Fröhlichkeit hatte. An seine kurze Ehe hatte er nur eine Erinnerung: seine Tochter Maria, ein hübsches, liebenswürdiges Kind. Prachatitz wußte genau, daß sie nicht für immer bei ihm bleiben, sondern sich früher oder später mit irgendeinem jungen Mann verheiraten würde. Aber daran wollte er noch nicht denken. Früh genug würde er dieses geliebte Geschöpf hergeben müssen. Und jetzt war sie, fand er, noch ein halbes Kind. Das erklärte er auch den jungen Herren aus den vornehmen Wiener Bürgerhäusern, wenn sie sich mit Anstand um die Hand seiner Tochter bewarben. Prachatitz konnte leicht so sprechen, denn Maria liebte ihren Vater über alles und war gern bei ihm. Noch vermochte sie sich kein anderes Glück vorstellen.

Aber nichts, dachte Prachatitz, und der Kummer drückt ihm das Herz zusammen, nichts bleibt, wie es ist; und ehe man sich's versieht, werden aus willigen Töchtern junge Frauen, die ihren eigenen Kopf haben und gebrauchen.

Hans Puchsbaum war oft im Haus seines Meisters zu Gast.

Die Wohnung des Baumeisters lag dem Dom gegenüber. Viele Stunden verbrachten sie gemeinsam über Plänen und Berechnungen, arbeiteten mit Zirkel und Griffel. War es dann spät geworden, lud Prachatitz den tüchtigen Gesellen zum Nachtmahl, und sie saßen zu dritt beisammen. Mit Maria, die sich nach dem Abendessen nicht lange bitten ließ, ein Lied zur Laute zu singen. Bewundernd lauschte Puchsbaum dem schönen Mädchen, gerührt Vater Prachatitz, während er den Wein in kleinen Schlucken genoß. So klangen die Abende oft aus, in den ersten Monaten und Jahren, in denen der Meister und der Geselle einander noch gut waren.

Doch plötzlich – es war im Herbst 1434 – wurde alles anders. Maria war von ihrem Vater über die Sommermonate aufs Land geschickt worden, damit sie nicht unter der Hitze der Stadt leide, vor allem nicht unter dem Staub, der die Baustelle von Sankt Stephan Tag und Nacht in eine riesige Wolke hüllte. Und als Maria Mitte September heimkam, war in den wenigen Wochen aus dem Mädchen eine junge Frau geworden. Hans Puchsbaum merkte es sogleich bei seinem ersten Besuch nach der Rückkehr Marias. Und er verliebte sich Hals über Kopf in die Tochter seines Meisters. Auch Maria fing Feuer. Sie sah nicht mehr den guten Gesellen ihres Vaters in Puchsbaum, nein, auch den großgewachsenen, stattlichen Mann mit den blonden Locken und den blitzenden Zähnen. Und zugleich sah sie den Mann von Bedeutung, den Mann, der seinen Weg machen würde, dem einmal Lob und Ehre sicher waren.

Prachatitz bemerkte die Zuneigung, die die beiden Menschen zueinander gefaßt hatten. Er hätte gerührt sein können und stolz. Doch er war eifersüchtig auf Puchsbaum, nur eifersüchtig, sonst nichts.

Aber was kann die Mißgunst eines alten Vaters gegen die Liebe zweier junger Menschen ausrichten? Es dauerte nur ein paar Wochen, da hatten die beiden einander ihre Liebe gestanden und sich für immer Treue geschworen. Prachatitz wußte es, sein eifersüchtiges Vaterherz verriet es ihm, bevor noch Puchsbaum kam und um die Hand seiner Tochter anhielt.

„Meine kleine Maria willst du heiraten?“ fragte der Dombaumeister und tat erstaunt. „Wie kommst du nur auf solche Ideen, mein Lieber! Das Kind ist kaum siebzehn. Nein, nein, Maria gehört noch zu ihrem Vater, der meint es am besten mit ihr und läßt es ihr an nichts fehlen. Den will sie gewiß nicht verlassen.“

„Mit Verlaub gesagt, Ihr irrt Euch diesmal, Meister“, gab Puchsbaum bescheiden zur Antwort. „Bei aller Dankbarkeit und Liebe, die sie Euch entgegenbringt, sie selbst hat mir Mut gemacht, Euch zu fragen und um Eure Einwilligung zu bitten.“

„Nein“, sagte Prachatitz nach einer kurzen Pause. „Meine

Einwilligung bekommst du nicht. Nicht so ohne weiteres", fügte er dann hinzu, denn es war ihm ein Gedanke gekommen, wie er Zeit gewinnen und zugleich den Dombau vorantreiben könnte.

„Du hast Großes geleistet", fuhr der Baumeister fort. „Du hast alle Schwierigkeiten beim Bau des Langschiffes gemeistert. Trotz deiner Jugend hast du dir mit diesem Gewölbe bereits einen Namen gemacht. Aber noch bin ich nicht sicher, ob ich dich als meinen Nachfolger beim Dombau empfehlen kann. Du bist nicht der erste Geselle, der bei mir das Bauhandwerk gelernt hat; und nur mein Schwiegersohn und kein anderer darf und soll Sankt Stephan weiterbauen, wenn ich mich einmal zurückziehe. Das ist ausgemachte Sache. Nur der beste meiner Schüler darf Maria zur Frau nehmen."

„So stellt mich auf die Probe, Meister", lächelte Hans Puchsbaum selbstbewußt. Er wußte, daß er der Beste war.

„Ich komme eben vom Herrn Bürgermeister", fuhr Prachatitz fort. „Der Hohe Rat der Stadt Wien wünscht, daß der Nordturm fertig werde, so schnell wie möglich. Sankt Stephan soll zwei gleich hohe Türme erhalten. Das wäre eine Aufgabe für dich, Hans – und zugleich eine Bewährungsprobe. Ich übergebe dir den Auftrag: Erbaue den zweiten Turm, und zwar binnen einem Jahr, genau so hoch und genau so prächtig, wie ich den Südturm geschaffen habe. Dann können wir über deine Heiratspläne weiterreden. Früher nicht."

„Wollt Ihr Euren Spaß mit mir treiben, Meister?" fragte Hans Puchsbaum ungläubig. Es konnte nicht stimmen, daß ein erfahrener Baumeister so etwas für möglich hielt. „Ihr selbst habt mehr als vier Jahre am Südturm gearbeitet, um ihn fertigzustellen, und ich soll ein gleich großes Werk in einem Jahr vollenden?"

„Du bist jung und voller Tatendrang, Hans. Ich hingegen bin ein alter, verbrauchter Mann. Vergiß nicht, ich mußte ein Stück des vorhandenen Turmes erst abtragen, um die Pläne des Meisters Knab, Gott hab' ihn selig, zu verwirklichen. So wünschte es der Rat der Stadt. Alles mußte verändert werden, was meine Vorgänger sich ausgedacht hatten. Du hast es einfacher: Du brauchst den Südturm nur nachzumachen. Auch steht es dir frei, beliebig viele Handwerker einzusetzen . . ."

Prachatitz' Stimme war höflich, aber kalt, und so etwas wie Hohn schwang darin mit. Puchsbaum begriff endlich, daß der Meister es ernst meinte. „Ihr wißt, daß Ihr Unmögliches von mir verlangt", sagte er schließlich nach einem Augenblick des Schweigens.

„Nicht doch, Hans. Im Gegenteil. Der Mann, der meine Tochter bekommen soll, muß sich als der rechte Dombaumeister erweisen. Aber es geht nun einmal nicht nur nach dem Willen meines Kindes, sondern auch nach dem des Herrn Bürgermeisters Steger."

Schwer ließ sich Puchsbaum auf einen Stuhl fallen. Sein gewinnendes Lächeln war verschwunden, sein Selbstvertrauen angeschlagen. „Ist das Euer letztes Wort, Meister Prachatitz?" murmelte er.

„Noch nicht", sagte der Baumeister kühl. „Eine Bedingung knüpfe ich noch daran."

„Und die wäre?"

„Solange der Bau des Nordturms währt, dürft ihr einander nicht sehen. Dir, lieber Hans, muß ich von heute an Hausverbot erteilen. Maria wird den Wunsch ihres Vaters respektieren."

„Auch das noch, Meister?" stöhnte Puchsbaum.

„Junge Leute sind, nun, nennen wir es wankelmütig. Das war schon immer so, auch zu meiner Zeit. Ihr seid beide jung, und beide seid ihr verliebt. Wer garantiert, daß es so bleibt? Verliebtsein und Lieben ist nicht dasselbe. Wer weiß schon, wie stark und beständig eure Gefühle sind?"

Puchsbaum schwieg. Er schwieg lange. Dann erhob er sich

vom Stuhl und ging unsicher zur Tür wie einer, den ein Fieberschwindel erfaßt hat. „Es gilt! Ich nehme Eure Bedingungen an – auch wenn ich sie unmenschlich nennen möchte. Aber es bleibt mir keine Wahl“, sprach er mit heiserer Stimme. Dann ging er. Noch ahnte er nicht, daß es sein letzter Besuch im Haus des Dombaumeisters war.

Als die Tür hinter dem Gesellen ins Schloß gefallen war, spürte Prachatitz einen Stich im Herzen. Es war die erste Ahnung des kommenden Unheils, das er eben ausgelöst hatte.

Blaß und in Tränen aufgelöst schlich Maria daheim umher, während sich Prachatitz noch zur selben Stunde zur Baustelle begab. Er würde alles aufbieten müssen, dachte der Geselle: die besten Steinmetzen, die tüchtigsten Gerüster, die emsigsten Träger und dazu all sein eigenes Können und Wissen, sein Talent, seine Kräfte.

Und es ging vorwärts mit dem Bau, erstaunlich rasch, aber nicht rasch genug. Nicht so rasch, daß der Turm innerhalb eines Jahres hätte fertig werden können. Puchsbaum merkte, daß er sich etwas Neues einfallen lassen mußte. Er setzte zwei Gruppen von Werkleuten ein, die abwechselnd in Schichten arbeiteten. Die einen werkten unablässig bei Tag, die anderen bei Nacht im Schein flackernder Fackeln und schwankender Laternen. Düster leuchteten die Mauern im Feuerschein, schwarzen Gespenstern gleich hasteten die Männer die Leitern empor und die Gerüste entlang. Wie die armen Seelen des Höllenfeuers sahen sie aus, zu ewiger Arbeit verdammt. Wer in der Dunkelheit an der Baustelle vorüber mußte, hatte allen Grund zu erschrecken. Nie zuvor hatten die Wiener dergleichen zu Gesicht bekommen, und wen wundert es, daß man sich bald zuflüsterte, Puchsbaum habe mit dem Teufel einen Pakt geschlossen?

Der Böse selber, der leibhaftige Teufel, würde für Hans Puchsbaum den Nordturm erbauen, hieß es. Prachatitz lachte, als er zum ersten Mal von dem Gerücht erfuhr, aber er bekam es immer öfter zu hören. Immer mehr Menschen glaubten, daß der Geselle mit dem Höllenfürsten im Bunde sei. „Ein Teufelskerl, der Hans Puchsbaum", hieß es, aber es war weniger Anerkennung in diesen Worten als Abscheu.

Tatsächlich sah der arme Puchsbaum bald wirklich so aus, als hätte er sich dem Bösen verschworen. Bleich, mit tiefliegenden Augen und eingefallenen Wangen, das Haar wirr in der Stirn, so traf man ihn auf der Baustelle an, bei Tag und bei Nacht. Er aß kaum, schlief so gut wie nie. Für niemanden mehr hatte er einen freundlichen Blick, ein gutes Wort übrig. Er trieb nur mehr an zu noch schnellerer Arbeit, hetzte die Müden, schalt die Säumigen. Eines Tages tauchten dunkelhäutige Männer, die von weither kamen und eine fremde Sprache sprachen, auf den Gerüsten auf. Es waren Leute, die die Wiener nie zuvor gesehen hatten. Mit diesen neuen Kräften ging die Arbeit unfaßbar schnell voran. Selbst Prachatitz konnte kaum mehr glauben, daß alles noch mit rechten Dingen zuging. Am Sonntag, wenn die Arbeit ruhen sollte, rannte Puchsbaum selbst auf den Gerüsten umher, schleppte Mörtel und Kalk und zog mit einer Kraft, die man seinem ausgemergelten Körper nie zugetraut hätte, gewaltige Steinquader über die Flaschenzüge empor. Er hämmerte, mauerte und maß und wurde zum Ärgernis für alle Kirchgeher. Aber immer wieder fand er Helfer, die sich nicht scheuten, ihm bei dieser Entweihung des Sonntags zur Hand zu gehen.

Wer emporblickte, bekreuzigte sich rasch. Bisher hatten die Leute es aus Ehrfurcht und Frömmigkeit getan, nun geschah es aus Angst vor dem Teufelswerk, das da im Herzen der Stadt entstand.

Je höher der Bau wuchs, desto größer wurde auch der Abstand zwischen Puchsbaum und seinen Bauarbeitern. Früher war er beliebt gewesen, jetzt fürchtete man ihn, ja haßte ihn sogar heimlich. Und als er eines Abends beim Aveläuten seinen Männern verbot, die Arbeit zu unterbrechen und das „Gegrüßet seist du, Maria!“ zu beten, da waren sich plötzlich alle einig: Puchsbaum mußte mit dem Bösen im Bunde sein. Und man wußte nun auch, welche Bedingung der Leibhaftige dem Gesellen gestellt hatte: Puchsbaum durfte den Namen der Himmelskönigin nicht aussprechen, bevor der Bau vollendet war.

Wie ein Lauffeuer erfaßte das Gerücht die ganze Stadt: Habt ihr es schon vernommen? Wißt ihr das Neueste? Hans Puchsbaum, der Turmbauer, darf die Gottesmutter nicht anrufen. Wenn ihm nur ein einziges Mal der Name Mariens über die Lippen kommt, ist er auf ewig dem Teufel verfallen. Dafür werkt der Gottseibeiuns mit seinen höllischen Maurerscharen für Puchsbaum am Turm. Habt ihr es schon gehört?

Puchsbaum kümmerte sich nicht um die Gerüchte – im Gegenteil. Wie vom bösen Geist besessen arbeitete er weiter, Stunde um Stunde, Tag und Nacht. Selbst Prachatitz war sich nicht mehr sicher, ob es nicht doch stimmte, was sich die Menschen zuflüsterten. Wenn man sah, mit welcher Geschwindigkeit der Nordturm in die Höhe wuchs, dann gab es dafür nur eine Erklärung: Hans Puchsbaum hatte den Höllenfürsten als Helfer eingestellt.

Dem Dompropst zu Sankt Stephan war es nicht gleichgültig, daß immer weniger Leute zur Kirche kamen, die anscheinend der Teufel selbst baute. Und die Ratsherren? Der Herr Bürgermeister? Wie standen sie zu den Gerüchten? Sie hatten längst von dem Teufelspakt gehört, ganz Wien sprach ja davon. Und ein Mann, der mit dem Teufel im Bunde stand, war nicht der richtige für einen Auftrag wie diesen.

Daheim in ihrer Stube weinte Maria. Wenn ihr Vater zur Baustelle ging, um Marias Tränen nicht mitansehen zu müssen, hatte er keinen Zweifel mehr: Puchsbaum war nicht bei Sinnen.

Er war besessen – ob von seiner Arbeitswut oder vom Teufel, das wagte nicht einmal mehr Prachatitz zu entscheiden.

Manchmal sah er Puchsbaum hinüberschauen über den Platz zum Erkerfenster von Prachatitz' Haus. Dort stand Maria, blaß und verweint, und wagte nicht zu winken.

Und einmal, der Turm hatte schon die Höhe des Daches erreicht – schien der Teufel auch die Tochter des Baumeisters in seine Klauen bekommen zu haben. Der Blick aus dem Erkerfenster genügte Maria nicht mehr. Mit offenem Haar und flatternder Schürze rannte sie aus dem Haus. Sie schwenkte ihr weißes Tüchlein und winkte zum Turm empor.

„Hans!" rief sie. „Nur weiter! Laß es dich nicht verdrießen, geliebter Hans! Hör nicht auf das Gerede! Ich glaube an dich! Du schaffst es! Ich weiß es! Du wirst es schaffen!"

Atemlos lief sie über den Platz. Mit geröteten, tränennassen Wangen erreichte sie den Fuß des Gerüsts. Puchsbaum war ihr entgegengelaufen – auf schwankenden Brettern, hoch oben, bis an das äußerste Ende der äußersten schwankenden Latte. Auch er winkte.

„Maria!" rief er mit ungläubigem Staunen. Wochenlang hatte er sie nicht mehr gesehen, und eine unbändige Freude erfaßte sein Herz bei ihrem Anblick. „Maria!" rief er noch einmal. Er schrie so laut, daß er das Knistern im Gebälk nicht hören konnte, das Knacken der Bretter, das Bersten der Latten. Und plötzlich war es geschehen: Das schmale Brett, auf dem er stand, zerbrach. Balken zersplitterten, Verstrebungen hielten nicht mehr. Ein Menschenkörper stürzte aus schwindelnder Höhe herab.

„Hilf . . .!" war der letzte Schrei, den man von Puchsbaum vernommen hatte, „Maria! Hilf!" seine letzten beiden Worte.

Prachatitz war hinzugerannt, als er seine Tochter mit aufgelöstem Haar daherkommen sah. Jetzt packte er sie und riß sie weg. Im nächsten Augenblick folgte ein dumpfer Aufprall.

Puchsbaums Leib landete an jener Stelle, wo Maria gestanden war. Und gleich darauf polterten Steine herab, krachten Latten und Bretter zu Boden und begruben den Gesellen.

Nun gab es für das Volk keinen Zweifel mehr. Zeugen hatten gehört, daß Hans Puchsbaum vor seinem Ende den Namen der Himmelskönigin ausgesprochen hatte; daraufhin war er zur Beute des Teufels geworden. Ja, der Teufel hatte sich anscheinend nicht nur die Seele Puchsbaums geholt, auch den Leib hatte er mit sich genommen, denn die Leiche des Turmbauers wurde nicht gefunden. So erzählten es die Leute.

Das mit dem Leichnam hätte Baumeister Prachatitz aufklären können. Er selbst war es gewesen, der mit einigen verschwiegenen Männern den zerquetschten Körper seines Gehilfen hervorgeholt hatte. In aller Stille hatten sie ihn dann im Schutz der Nacht an der Friedhofsmauer begraben. Prachatitz wußte nur zu gut, warum er so handelte. Das Volk war begierig nach grausamen Spektakeln, und es hatte schon lange keine Hinrichtung gegeben. Man konnte sich leicht ausrechnen, daß eine aufgebrachte Menge die Leiche Puchsbaums mit Geschrei und Jubel durch die ganze Stadt geschleift hätte, wie es mit Teufelsbündern vorgesehen war – wenn sie den Entseelten nur gefunden hätten.

An ein öffentliches Begräbnis in der geweihten Erde des Stephansfriedhofs war nicht einmal zu denken. Das wußte Prachatitz, da brauchte er gar nicht erst den Dompropst zu fragen.

In einem aber mußte Prachatitz dem Volk recht geben: Der Turmbau sollte nicht fortgesetzt werden. Auch wenn es kein Teufelswerk war, wollte der Himmel vielleicht doch ein Zeichen setzen, dachte der Baumeister, ein Zeichen, indem er den tüchtigsten und fähigsten Baumeister, den Wien je hatte, abberief: Hans Puchsbaum. Sankt Stephan sollte eintürmig bleiben.

Maria aber nahm den Schleier. Sie ging ins Kloster der Niederen Frauen. Dort betete sie für die Seele ihres unglücklichen Bräutigams und tat Buße für ihren Vater, der an dem Unheil schuld war.

Als Hans Puchsbaum am Stephansdom baute

Beide in dieser Sage genannten Baumeister, Hans Prachatitz und Hans Puchsbaum, haben wirklich gelebt und wesentlich am Bau der Stephanskirche mitgewirkt. Hans Puchsbaum hat auch die Säule „Spinnerin am Kreuz" auf der Höhe des Wienerberges erbaut.

Sagen, in denen der Teufel als Baumeister auftritt, gibt es viele. Ursprünglich waren es Riesen, die in alten Sagen bei Bauwerken halfen. Die Entstehung großer und auffallender Bauwerke wie Burgen und Kirchen konnten sich einfache Menschen nicht erklären. Daher glaubten sie, Riesen hätten beim Bau geholfen. Als man beim Bau des Nordturms der Stephanskirche den Knochen eines Mammuts fand, hielt man ihn für das Gebein eines Riesen. Eine Zeitlang soll dieser Knochen in der Kirche aufbewahrt worden sein. Man dachte damals, daß vor der Ausbreitung des Christentums heidnische Riesen die Ureinwohner des Landes gewesen seien.

Die Geschichte des unvollendeten Nordturms von Sankt Stephan ist wohl etwas anders verlaufen, als uns die Sage erzählt. Hans Puchsbaum zeichnete zwar die Pläne für diesen „Zwillingsbruder" des Südturms. Doch dann mußte das Fundament – möglicherweise aus statischen Gründen – 17 Jahre lang „rasten", bis man ans Weiterbauen denken konnte. Mittlerweile war Hans Puchsbaum bereits gestorben. Trotzdem wurde weitergebaut, langsam und schleppend, obwohl bis zu zwölf Steinmetzen gleichzeitig am Werk waren. Nach 66 Jahren stellte man die Arbeit endgültig ein. Der Stil der Gotik, die Art, mit spitzen und schlanken Verzierungen zu bauen, war aus der Mode gekommen und außerdem das Geld knapp geworden. Um den Nordturm doch noch irgendwie zu einem Abschluß zu bringen, setzte man ihm – wieder Jahrzehnte später – einen Turmhelm auf.

Der Stephansdom ist eine Kirche voller Überraschungen, Geheimnisse und Rätsel. Eines war für lange Zeit der unvollendete Nordturm. Vielleicht suchte man dafür eine Erklärung und hat sich dabei die Sage ausgedacht.

Der Stock im Eisen

Vor langer Zeit lebte in Wien ein Schlosserbub, Martin Mux mit Namen; der war ein lockerer Zeisig. Einst befahl ihm sein Meister, er solle vor die Stadt hinaus zur Lehmgrube fahren und Lehm holen. Der Schlosserbub tat, was man ihm aufgetragen hatte. Als er zur Lehmgrube weit draußen vor den Mauern gekommen war und zum Krampen griff, sah er, wie sich auf einem Feld nebenan viele Buben versammelt hatten. Die mochten acht, vielleicht zehn Jahre als sein und wollten ihr Fangerlspiel beginnen. Eben zählten sie aus, wer der Fänger sei.

Da durfte der Martin nicht fehlen! Er ließ Krampen und Schaufel liegen, den Karren stehen und rannte zu den Knaben hinüber. „Ich bin dabei! Es gilt!" rief er. Weil der Schlosserbub größer und älter war als die übrigen Kinder, ließen sie ihn mitmachen. So spielten sie zwei, drei Stunden, und der Lehrling vergaß ganz auf seine Arbeit. Inzwischen begann es zu dunkeln. Die Buben gingen nach Hause, einer nach dem anderen, und auf einmal stand Martin Mux allein da. Jetzt erst fiel ihm sein Auftrag wieder ein, und er wollte die angefangene Arbeit möglichst schnell erledigen. Aber mittlerweile war es fast Nacht geworden. Blutrot war die Sonne hinter der Stadtmauer versunken. Eine rabenschwarze Wolkenfratze schnitt ihr gräßliches Gesicht auf den Schlosserbuben herab, der jetzt so wild draufloshackte, daß ihm der Schweiß in Strömen übers Gesicht lief. Dem Martin war bang geworden.

Endlich war der Karren voll mit Lehmklumpen. Der Bursche warf Schaufel und Spitzhacke oben drauf und rannte eilig dem Stadttor zu. Aber als er zum Tor kam, war es schon geschlossen. Da nützte es gar nichts, daß Martin jammerte und weinte, die leeren Hosentaschen umstülpte zum Beweis dafür, daß er keinen Kreuzer besaß. Der Torwart ließ sich nicht erweichen. Ohne Geld ließ er nach der Sperrstunde niemanden in die Stadt. „Ich muß hinein“, flehte der Lehrbub den Wächter an. „Eine Tracht Prügel von meinem Meister ist das mindeste, was mich sonst erwartet.“

„Da könnte ja jeder kommen“, brummte der Torwart. „Das wird dir eine Lehre sein, dich das nächste Mal nicht zu verspäten, Bürschchen!“

Verzagt drehte sich Martin Mux um. Da sah er sich einem Männchen gegenüber, das einen scharlachroten Rock, einen scharlachroten Mantel und ein Barett mit drei Hahnenfedern trug. Überrascht trat der Schlosserbub einen Schritt zurück. Er hatte das Männlein gar nicht kommen gehört.

„He, warum so verzweifelt?“ fragte der rotgekleidete Fremde munter.

„Ich wollte noch vor Torschluß in die Stadt. Jetzt ist geschlossen, und ich hab’ keinen Sperrkreuzer. Mein Meister wartet schon mit dem Ochsenziemer, damit er mich verprügeln kann. Wenn ich erst morgen früh heimkomme, wird sich sein Zorn verdoppelt haben. Soll ich da nicht verzweifeln?“

„Langsam, langsam“, schmunzelte das Männchen. „Das muß nicht so sein. Ruhig Blut, Bursche. Ich bin der – nun, man spricht nicht gern davon. Ich kann dir jedenfalls helfen und will es tun. Ich geb’ dir nicht nur einen Kreuzer, nein, da hast du einen ganzen Gulden. Auch die Schläge erspare ich dir, und obendrein kannst du durch meine Macht zu einem tüchtigen Schlosser werden.“

„Und was wollt Ihr dafür?“ fragte Martin Mux zaudernd. Er ahnte wohl schon, mit wem er es zu tun hatte.

„Was schlägst du vor?“ fragte das rote Männlein höflich.

„Wenn ich je vergesse, an einem Sonntag die Messe zu besuchen, dann will ich des Teufels sein.“

„Abgemacht", rief der Rote.

Das ist mir ein guter Handel, dachte Martin. Der Teufel soll mich nicht kriegen! Da er nicht schreiben konnte, gab er dem fremden Männlein drei Tropfen Herzblut als Pfand. Dafür empfing er von seinem Partner einen blanken, neugemünzten Gulden. Dann schieden sie voneinander.

Wichtigtuerisch pochte Martin Mux gegen das Stadttor und warf die klingende Münze auf das Fensterbrett des Torhauses. Dazu schnitt er dem Wächter eine Grimasse. Der sah dem Schlosserbuben mit der Lehmfuhre kopfschüttelnd nach. Es kam selten vor, daß jemand einen vollen Gulden wechseln ließ, um die Stadtgrenze zu passieren.

Als Martin nach Hause kam, trat ihm sein Meister freundlich

entgegen, klopfte ihm auf die Schulter, nannte ihn einen fleißigen Burschen und setzte ihm ein ausgiebiges Nachtmahl vor, wie es noch nie geschehen war.

Am folgenden Tag, als Meister, Gesellen und Lehrling schon am Feuer arbeiteten, stand auf einmal das Männchen mit dem scharlachroten Mantel mitten in der Werkstatt. Für die alte Wiener Eiche wollte es eine eiserne Spange bestellen mit einem Kunstschloß, das keine Menschenhand öffnen könne. Meister und Gesellen schüttelten den Kopf. An einen solchen Auftrag wagten sie sich nicht heran. Da kniff der Rotmantel dem Lehrbuben ein Auge, und Martin verstand.

„Meister, laßt mich es versuchen!" rief er.

„Du bist wohl ein pfiffiger Knabe", entgegnete der Schlossermeister ein wenig aufgebracht. „Aber meinst du, du wärst geschickter als unsereins? Doch will ich dir ein Stück Eisen und Blech zur Probe schenken."

„Kommt morgen wieder, zur selben Zeit, und das Schloß soll fertig sein", sagte Martin Mux zum Rotmantel.

In wenigen Stunden waren Spange und Schloß vollendet. Freilich hatte der Lehrbub nicht verraten, wer den Blasebalg getreten, wer Schrauben und Spirale eingesetzt hatte. Die Gesellen waren in der ganzen Stadt herumgerannt und hatten es ausposaunt, daß in der Werkstatt des Meisters Erhard Marbacher das erste unaufsperrbare Schloß der Welt erfunden worden sei. Daraufhin kamen der Stadtrat, die Ältesten und der Vorstand der Schlosserzunft bei der Eiche zusammen, wo der Rotmantel bereits wartete. Martin Mux legte die Spange mit dem kunstvollen Schloß um den Stamm, und der Reihe nach versuchten die Anwesenden, das Schloß zu öffnen; doch keinem wollte es gelingen. Der Rotmantel zahlte Meister Marbacher den Lohn, nahm den Schlüssel zu sich und verschwand. Seitdem heißen das Holz und der Platz, auf dem es steht, der „Stock im Eisen".

Martin Mux aber wurde auf der Stelle zum Gesellen ernannt und mit Lob überhäuft. Da er nun seinen Freibrief erhalten hatte, ging er nach Gewohnheit der Handwerksburschen auf die Wanderschaft. Über Linz, Passau und Regensburg kam er bis nach Nürnberg, wo er sich bei einem bekannten Kunstschlosser verdingte. Der sagte eines Morgens zu seinem Lehrbuben: „Du, wenn der Wiener Geselle kommt, richte ihm aus, er soll Fenstergitter machen. Es sind deren so viele, daß er wohl die ganze Woche an dem Auftrag zu arbeiten haben wird."

Da erwiderte der Lehrbub: „Meister, der Wiener ist schon seit einer Stunde da, und die Fenstergitter sind allesamt fertig. Er möchte gern wissen, was er nun arbeiten soll."

Da konnte sich der Nürnberger Meister nicht genug wundern. „Potztausend", rief er. „Wo soll ich für den genug Arbeit hernehmen, wenn er so geschwind ist!" Und zum Spaß fügte er hinzu: „Er soll den eisernen Amboß zu Gitterwerk machen!"

Kaum hatte Martin Mux das gehört, hob er den zentnerschweren Amboß hoch, warf ihn ins Feuer, daß es zischte und gischte, und streckte ihn – mir nichts dir nichts – zu Gitterwerk. Dem Nürnberger Meister, der alles mitangesehen hatte, traten die Augen aus dem Kopf vor Entsetzen. Er ahnte, daß Martin Mux mit dem Bösen im Bunde sein müsse, und wollte ihn keine Stunde länger im Haus dulden. „Hier gibt es nichts mehr zu tun für dich", erklärte er und entließ den Gesellen noch am selben Tag.

Martin Mux aber wanderte nach Wien zurück. An einem stürmischen Herbstabend stand er vor den Stadtmauern. Das Tor war wieder geschlossen wie einst, und die Erinnerung an den Bösen und an den Pakt wurde in Martin plötzlich wach. Nein, der Teufel soll mich nicht kriegen, nahm er sich fest vor. Ich will mein Wort halten.

Diesmal war Martin nicht ohne Geld angekommen wie seinerzeit als Lehrling; im Lederbeutel des tüchtigen Gesellen klimperten genug Münzen. Und diesmal kam ihm der Torwart nicht grob, sondern begrüßte ihn freundlich: „Für einen Schlosser gibt es hier Arbeit in Wien. Der Rat sucht einen fähigen Mann, der den Schlüssel zum Schloß vom Stock im Eisen anfertigen kann."

Ja, in Wien erinnerte man sich seiner noch gut. Martin Mux wurde sogar mit einiger Ungeduld erwartet. Hatte doch er damals das kunstvolle Schloß angefertigt. Es verdroß die Herren Stadträte, daß ein unbekanntes Männlein den Schlüssel zum Schloß der Wiener Eiche besaß, und sie hatten keinen. Sie

versprachen, den zum Meister zu machen, der zum Schloß einen zweiten passenden Schlüssel liefern könne.

Als Martin Mux von diesem Aufruf hörte, besann er sich nicht lang, stellte sich an die Esse und klopfte einen Schlüssel zurecht. Da aber wurde das rote Männlein zornig. Der Böse war längst nicht mehr zufrieden mit dem geschickten Gesellen. Voll Ärger und Mißmut sah er, daß Martin Sonntag für Sonntag zur Kirche ging und keine Messe versäumte. Unsichtbar setzte sich daher das Männlein, als der Schlosser den Schlüssel schweißte, ins Feuer und verdrehte ihm den Schlüsselbart. Martin aber bemerkte den Schabernack sofort! Pfiffig schob er den Schlüssel mit verkehrt angesetztem Bart wieder in die Esse, und weil Wut und Zorn das Männlein blind gemacht hatten, drehte es den Schlüsselbart wieder um, so daß er richtig angesetzt aus dem Feuer kam. Hierauf ging Martin Mux mit den Stadtoberen zur Eiche und öffnete vor aller Augen das Schloß. Für diese Leistung verlieh man dem Schlosser das Wiener Bürger- und das Meisterrecht.

„Juchhe!“ rief da der Bursche. „Wieder ein neuer Meister!“ und schlug einen großen Nagel in den alten Baum zum ewigen Andenken. Den Schlüssel aber warf er vor Freude hoch in die Luft. Doch zu jedermanns Schrecken fiel er nicht wieder zur Erde zurück. Der Teufel hatte ihn aufgefangen.

Die Stadträte ließen sich erst beruhigen, als ihnen Mux versprach, einen dritten Schlüssel herzustellen.

Bald war der Name des jungen Meisters überall bekannt. Nicht nur in Wien sprach man von seiner Geschicklichkeit. Seine Werkstatt wurde nicht leer, so viele Kunden kamen, und die Kasse mit dem diebessicheren Schloß immer voller. Martin Mux lebte in Glück und Reichtum. Jeden Sonntag hörte er die heilige Messe, und manchmal bereute er den Leichtsinn seiner Jugend. Aber der Böse, der sich seiner nun einmal bemächtigt hatte, ließ nicht mehr von ihm ab.

An einem Sonntagmorgen saß er im Weinkeller „Zum steinernen Kleeblatt“ unter den Tuchlauben, trank und spielte mit den Kameraden Karten. Es fiel dem Meister an diesem Tag ein recht schlechtes Blatt, wie er sich ausdrückte. Da schlug es zehn von der Turmuhr zu Sankt Stephan.

„Nun muß ich in die Kirche gehen“, sprach der Schlossermeister und erhob sich von seinem Stuhl.

„Nicht doch“, riefen die anderen. „Du hast noch zwei Stunden Zeit. Laß uns noch einen Schluck trinken und weiterspielen!“ Und man trank und spielte – da schlug es elf.

„Nun muß ich in die Kirche gehen“, sagte Martin Mux und stand auf.

„Nicht doch“, lärmten die anderen wieder. „Du hast noch eine Stunde Zeit. Laß uns noch spielen und einen Schluck trinken!“ Und man spielte und trank – da schlug es zwölf. Kreidebleich sprang Martin Mux auf, eilte auf die Straße und dem Stephansplatz zu. Aber, o weh, da war es wie ausgekehrt. Eine einzige alte Frau sah er gehen, die fragte er hastig mit bebender Stimme: „Um Gottes willen, liebe Frau, ist die letzte Messe schon vorbei?“

„Letzte Messe? Es ist ja schon über eins“, erwiderte die betrügerische Alte, obwohl es erst zwölf war.

„Gnädiger Gott, so hab ich meine Seele verloren“, jammerte der Schlosser, stürzte verzweifelt in den Weinkeller zurück, riß seine silbernen Knöpfe vom Rock und schenkte sie seinen Kumpanen – zum Andenken und zur Warnung. Oben, beim Eingang zur Weinschenke, aber stand das rote Männlein und rief: „Du, versäume die Messe nicht! Hörst du es zwölfe läuten?“

Wie wahnsinnig raste der Schlosser die Stufen hinauf. Das Männlein war auf einmal größer als er. Und sie gingen mitsammen. Als sie den Stephansfriedhof erreichten, schritt neben Martin Mux ein blutroter Riese, und als sie zur Kirchenpforte kamen, sagte der Priester am Altar: „Die Messe ist aus!“

Da hatte der blutrote Riese kohlschwarze Hörner und Klauen wie ein Greif. Damit packte er den Schlosser und fuhr mit seinem Opfer durch die Lüfte.

Seither wurde es Brauch, daß reisende Schlossergesellen den Stock im Eisen aufsuchten, einen Nagel hineinschlugen und ein Vaterunser für die arme Seele des Martin Mux beteten.

Als man beim Stadttor einen Sperrkreuzer zahlen musste

Der alte Eichenstamm auf dem Stock-im-Eisen-Platz im ersten Bezirk, Innere Stadt, ist – eine Fichte. Es gibt mehrere Sagen vom Stock im Eisen, und in den meisten ist von einer Eiche die Rede. Vielleicht, weil die Eiche in vorchristlicher Zeit als „heiliger" Baum galt. 1533 wurde der Stock im Eisen erstmals erwähnt, aber mit Sicherheit gibt es ihn schon sehr viel länger. Man hat herausgefunden, daß bereits in den lebenden Baum Nägel eingeschlagen wurden. Vor über 550 Jahren wurde die Fichte dann gefällt und später an einem Haus angebracht. In dieser Gegend befanden sich damals hauptsächlich die Werkstätten der Schlosser, Zinn- und Eisengießer.

An seiner Vorderseite ist der Holzstock, heute zu seinem eigenen Schutz hinter einer Plexiglaswand, mit Nägeln übersät, wie mit einem Eisenpelz bedeckt. Eine eiserne Spange, die von einem Schloß zusammengehalten wird, umgürtet ihn. Die Schlosser von Wien erklärten den Stock schon vor langer Zeit zu ihrem Zunftzeichen, und jeder wandernde Schlossergeselle schlug, bevor er die Stadt Wien wieder verließ, einen Nagel zur Erinnerung ins Holz. Die letzten Nägel stammen allerdings nicht von wandernden Schlosserburschen, sondern von Arbeitern des U-Bahn-Baues.

Wien war ursprünglich – wie andere Städte auch – von einer Ringmauer umgeben, die Tore hatte, damit man in die Stadt hinein und aus ihr heraus gelangen konnte. Diese Stadttore wurden von Wächtern bewacht und hatten zum Schutz starke Stadttürme.

Daß man Menschen mit außerordentlichen Fähigkeiten im Mittelalter rasch ein Bündnis mit dem Teufel andichtete, läßt sich an vielen Sagen feststellen, zum Beispiel auch in der Sage vom Baumeister „Hans Puchsbaum". Der Teufel wird meist so genau beschrieben, daß man ihn sich richtig vorstellen kann. In sehr alten Sagen tritt er als vogelartiges Untier auf mit Krallen, Schnabel und großen Flügeln. Später hat er dann Hörner und Bocksfüße, und allmählich gleicht er immer mehr einem Menschen. Er zeigt sich dann gerne als Kavalier, als Fahrender oder als Jäger, wie in der Sage vom „Teufel auf dem Bisamberg“. Aber immer hat er etwas Unheimliches an sich und ein Teufelszeichen (Hörner, Schwanz, Bocks- oder Pferdefuß), so daß der Mensch, auf dessen Seele er aus ist, sehr bald merkt, mit wem er es zu tun hat.

Die Dienstbotenmadonna

Mit ernster Miene blickt zu St. Stephan Meister Anton Pilgram aus seinem steinernen Fenster unter der Kanzel auf die Touristenschwärme, die die Kirche bestaunen. Fast ein halbes Jahrtausend ist es her, daß sich der Steinmetz hier verewigt hat. Vor dieser Kanzel steht eine anmutige Marienstatue, die noch älter als das Bildnis des Baumeisters ist. Sie soll um das Jahr 1320 entstanden sein, wurde aber erst viel später im Stephansdom aufgestellt. Und das kam so:

Die Madonna hatte der Sage nach ihren Platz in der Hauskapelle einer reichen adeligen Dame. Diese Frau gab sich nach außen hin so fromm und hochanständig, daß jeder meinte, sie wäre die Tugendhaftigkeit in Person. In Wahrheit aber war sie hartherzig und böse und machte ihrem Gesinde das Leben zur Hölle. Während sie selbst in Saus und Braus lebte, gönnte sie den Dienstboten kaum die Abfälle vom Tisch und behandelte sie schlechter als die Jagdhunde in den herrschaftlichen Zwingern. Nie bekamen die Mägde und Knechte ein gutes Wort zu hören; ständig nörgelte und schimpfte die Gräfin; nichts konnte man ihr recht machen. Beim geringsten Vergehen bestrafte sie ihre Untergebenen mit grausamer Strenge. Es war wahrlich kein leichtes Leben, das die Dienstboten in diesem Haus führen mußten.

Eines Tages vermißte die Gräfin eine wertvolle Perlenhalskette. Sofort rief sie ihre alte Kammerzofe, die als einzige halbwegs ihr Vertrauen genoß, und befahl ihr, sämtliche Kästen und Truhen des Hauses zu durchsuchen. Vergeblich – die Kette kam nicht zum Vorschein. Da beschuldigte die Gräfin in ihrem Zorn eine junge Magd, die erst kurz zuvor im Haushalt aufge-

nommen worden war, das kostbare Schmuckstück gestohlen zu haben.

Das Mädchen wußte nicht, wie ihm geschah. Immer wieder beteuerte das arme Ding seine Unschuld. Weinend warf sich die Magd der Gräfin zu Füßen und bat sie inständig, ihr doch Glauben zu schenken. Doch die gestrenge Herrin kannte kein Erbarmen. Sie blieb bei ihrer Meinung und schickte nach der Wache.

In ihrer Verzweiflung lief die Magd zur Hauskapelle. Mehr noch als den drohenden Kerker fürchtete sie die Schande, als Diebin dazustehen. Das Mädchen kniete vor dem kleinen

Altar nieder und bat die Gottesmutter flehentlich um ihren Beistand.

„Heilige Maria, hilf!“ stammelte sie händeringend. „Ich bin schuldlos! Ich habe die Kette nicht genommen. Doch ich kann es nicht beweisen, und meine Herrin glaubt, daß ich lüge! Hilf mir, ich bitte dich, sonst werde ich wie eine Diebin abgeführt und eingesperrt!“

Die Gräfin war dem Mädchen nachgeeilt. Als sie die atemlosen Stoßgebete der jungen Magd hörte, stürzte sie sich wutentbrannt auf ihre Dienstbotin.

„Was fällt dir ein! Bist du von Sinnen? Die Muttergottes anzurufen!“ schrie sie, außer sich vor Empörung. „Ist dir deine niedrige Herkunft nicht bewußt? Scher dich hinaus aus der Kapelle! Die Gegenwart einer gemeinen Diebin ist eine Beleidigung für die Königin des Himmels!“

Und sie zerrte die schluchzende Magd an den Haaren weg vom Hausaltar.

Kurz darauf traf die Wache ein. Vor dem Leutnant wiederholte die Gräfin ihre Anschuldigungen, während die Magd von Weinkrämpfen geschüttelt wurde und kein Wort herausbrachte. Der Leutnant hatte Mitleid mit dem jungen Ding, aber er mußte den Vorschriften gehorchen. Während die Gräfin darauf wartete, daß das Mädchen abgeführt werde, ließ der Leutnant die Kammern der gesamten Dienerschaft noch einmal aufs genaueste durchsuchen. Und siehe da – die Kette fand sich! Sie war unter den Habseligkeiten eines Reitknechtes, mit dem die Gräfin häufig ihre Spazierritte unternahm. Nach anfänglichem Leugnen gestand der Bursche schließlich seinen Diebstahl. Stockend berichtete er, daß sich der Verschluß der Halskette geöffnet hatte, als die Gräfin eines Tages ihr Pferd bestieg, und das Schmuckstück zu Boden geglitten war, ohne daß die Gräfin es bemerkte. Er hatte es an sich genommen, um es später verkaufen und damit seinen Hungerlohn aufbessern zu kön-

nen. Nach diesem Geständnis wurde der Reitknecht abgeführt. Die Schuldlosigkeit der jungen Magd aber war erwiesen, die Wahrheit an den Tag gekommen.

Die Gräfin ärgerte sich sehr, weil sie nicht recht behalten hatte. Sie jagte die Dienstmagd trotz deren Unschuld aus dem Haus. Das Mädchen fand jedoch bald eine neue Stelle bei einer anderen Herrschaft, wo die Dienstboten besser behandelt wurden.

Die böse Frau aber konnte den Anblick der Madonna in ihrer Hauskapelle nicht länger ertragen. War die Gottesmutter doch Zeugin der Verleumdung geworden! Die Marienstatue wurde daher auf Befehl der Gräfin in ein Tuch gepackt und in die nahe Stephanskirche gebracht. Dort fand sie ihren heutigen Platz und war bald ein Treffpunkt der einfachen, kleinen Leute. Die

Hilf- und Rechtlosen, die Unterdrückten, die Erniedrigten und alle jene, die ohne ihr Zutun ins Unglück geraten waren, pilgerten von nun an – in der Hoffnung auf mehr Gerechtigkeit – zur Dienstbotenmadonna in den Stephansdom. Bei ihr wollten sie ihre Sorgen abladen, ihr wollten sie ihre Anliegen erzählen und ihren Kummer anvertrauen. Daß sich die Königin des Himmels einer armseligen Dienstmagd angenommen hatte und ihr in größter Bedrängnis zu Hilfe gekommen war, machte die heilige Maria fortan zur Schutzhelferin der Dienstboten in Wien. Deshalb wird dieses Standbild auch heute noch „Dienstboten-Muttergottes" oder „Dienstbotenmadonna" genannt.

Als die Dienstbotenmadonna in den Stephansdom kam

Die bemalte Steinstatue der Muttergottes im Langschiff des Stephansdomes steht auf einem eigenen Sockel beim Kanzelpfeiler, wie es die Sage erzählt, und gilt als das bedeutendste mittelalterliche Bildwerk in Wien aus der ersten Hälfte des 14. Jahrhunderts. Den Namen „Dienstbotenmadonna" bekam sie, weil in früheren Zeiten die Dienstboten gerne vor ihr beteten.

Hausaltäre gab es schon zur Römerzeit. Als unser Land christianisiert wurde, traten an Stelle der heidnischen Götter Heiligen- und Marienstatuen, die das Haus vor Unglück schützen sollten. Freilich konnten sich nur reiche Leute, zum Beispiel der Adel, so einen eigenen Altar oder sogar eine Hauskapelle leisten.

Die hier erzählte Sage gehört zum Sagenkreis der „Frevelsagen". Es geht in diesen Sagen um den Streit zwischen Angehörigen verschiedener Gesellschaftsschichten, im Grunde ist es ein Streit zwischen Arm und Reich. In der Sage „Die schwarze Wolke" geht es um die Auseinandersetzung zwischen Bauern und Gutsherr, hier um den Konflikt zwischen Dienstmagd und Gräfin. Die Menschen wünschten sich eine „ausgleichende" Gerechtigkeit. Gottlosigkeit, Stolz, Verschwendung, Hartherzigkeit und Geiz sollten bestraft werden, in der Regel durch den Tod – zumindest in den Geschichten, die sie einander erzählten.

So gesehen kam die adelige Besitzerin noch recht glimpflich davon. Die Überlieferer der Sage haben ihr im Laufe der Jahrzehnte und Jahrhunderte einen gewaltsamen Tod erspart.

Die schwarze Wolke

Wer heute in die Lederergasse, in die Laudon- oder Florianigasse im achten Wiener Gemeindebezirk kommt, kann sich kaum vorstellen, daß sich hier vor Jahrhunderten Wiesen, fruchtbare Äcker und weite Felder ausdehnten. Das einzige, was noch daran erinnert, sind Namen wie „Feldgasse“ und „Buchfeldgasse“.

Die Felder gehörten einem reichen Herrn, und die Bauern, die in der Umgebung lebten, mußten alle für ihn arbeiten. Der Gutsbesitzer war bei seinen Untertanen als Geizkragen und Leuteschinder verschrien. So mancher Knecht war ihm schon davongelaufen und hatte sich einen anderen Herrn gesucht.

Es mochte sich Anfang Juli zugetragen haben. Die Sommersonnenwende war jedenfalls noch nicht lange vorbei, da konnte man bereits an die Ernte denken. Sonne und Regen hatten es in diesem Jahr gut gemeint. Das Getreide stand hoch; es war von Unwettern und Hagelschäden verschont geblieben.

Im Morgengrauen des Hochsommertages brachen die Schnitter auf. Wer bei der Ernte irgendwie helfen konnte, war auf den Beinen: Knechte, Mägde, alte Männer genauso wie halbwüchsige Kinder.

Noch ehe die Sonne über den Horizont stieg, war die Arbeit voll im Gang. Man wollte die morgendliche Kühle ausnützen und rasch mit der Arbeit vorankommen, solange man noch frisch und ausgeruht war.

Ein rascher Hufschlag ließ die Leute in ihrer Tätigkeit einhalten. In gestrecktem Galopp kam ein Reiter den Feldweg einher und ritt genau auf die Menschengruppe zu. Die Mäher legten ihre Sicheln und Sensen weg. Was hatte das zu bedeuten?

Der Bote zügelte sein schweißbedecktes Pferd. „Rettet euch!" schrie er. „Die Heuschrecken kommen! Sie haben schon Mödling erreicht! Bringt euch in Sicherheit!"

Kaum hatte der Mann fertig geredet, jagte er schon wieder weiter. Es gab noch mehr Leute auf den Feldern, die er warnen wollte. Überall wurde jetzt das Korn geschnitten.

Erschrocken hielten die Bauern Ausschau nach der drohenden Gefahr. Vom Südosten her zog eine merkwürdige, dunkle Wolke auf und schob sich vor die Sonne. Langsam kam sie näher.

„Das sind sie!" schrie ein alter, weißbärtiger Mann. „Seht zu, daß ihr nach Hause kommt. Macht so schnell ihr könnt!"

Die Schnitter zögerten einen Augenblick, dann liefen sie heimwärts. Groß und klein, alt und jung – jeder rannte, was die Beine hergaben. Zu Hause angekommen, verschlossen die Bauern die Türen ihrer Keuschen, verriegelten die Fenster und verstopften die Ritzen der Strohdächer, so gut es ging. Man wußte, welchen furchtbaren Schaden die Heuschrecken anrichten konnten. Die älteren Leute hatten es selbst miterlebt, die jüngeren kannten es aus Erzählungen.

Eines der Bauernkinder wurde zum Herrenhof geschickt, um die schlechte Nachricht zu überbringen. Der Bub meldete, was er gehört und gesehen hatte.

„Sie haben ihre Arbeit im Stich gelassen?" rief der Gutsherr ungläubig. Sein Gesicht begann sich vor Zorn zu röten. „Diese gemeinen Tagediebe, wer hat ihnen das erlaubt? Dem faulen Pack werde ich den Brotkorb höher hängen! Sich wegen einer schwarzen Wolke von der Arbeit drücken!"

Der Gutsbesitzer geriet immer mehr in Wut. Mit einem Fußtritt jagte er das Kind aus dem Haus. „Scher dich fort!" brüllte er. „Ich werde euch beibringen, was arbeiten heißt. Ihr sollt mich noch kennenlernen!"

Der Mann ließ sein Pferd satteln und pfiff den Hunden, um selbst auf dem Feld nach dem Rechten zu sehen.

Schon wollte er dem Roß die Sporen geben, da lief seine Frau aus dem Haus und stellte sich ihm in den Weg. „Ich bitte dich, Mann, bleib!" rief sie und griff in die Zügel. „Die Bauern wissen schon, wovor sie weglaufen! Die Heuschrecken werden über dich herfallen!"

„Aus dem Weg", knurrte der Gutsherr. „Behalt dein dummes Weibergeschwätz für dich! Wer soll sich denn um unsere Ernte kümmern, wenn diese Angsthasen vor ein paar Heuschrecken Reißaus nehmen?"

Er schnalzte mit der Peitsche und sprengte davon. Bellend folgte ihm die Hundemeute.

Der Mann mußte bald erkennen, daß er die Gefahr gewaltig unterschätzt hatte. Tausende und Abertausende der gefräßigen kleinen Ungeheuer hatten sich auf dem Feld niedergelassen und über alles hergemacht, was freßbar schien. Die Luft war erfüllt vom Schwirren unzähliger Flügel und von den gräßlichen Kaugeräuschen unzähliger Kiefer. Immer neue Schwärme verdunkelten von Südosten her den Himmel.

Doch jetzt wollte der Gutsherr erst recht nicht umkehren. Mit gezogenem Säbel stürmte er vorwärts, dorthin, wo die Wolke am dichtesten war. Wie von Sinnen schlug der Mann um sich, als wollte er jedes einzelne Insekt in Stücke hauen. Auch die Hunde hetzte er auf das Ungeziefer, doch sie mißachteten den Befehl ihres Herrn und stoben in alle Winde davon.

Plötzlich bockte das Pferd. Heftig schnaubend schüttelte es den Kopf, um sich von den Tieren zu befreien, die ihm gegen die Augen prallten, in der Mähne hingen, Ohren und Nüstern verstopften. Das Roß stemmte seine Beine in den Grund und sträubte sich wiehernd, auch nur einen Schritt weiter zu gehen. Ergrimmt schlug der Gutsherr mit der Peitsche auf den Schimmel ein und bohrte ihm die Sporen in die Seiten. Da bäumte sich das Roß vor Schmerz auf, warf seinen Reiter ab und galoppierte in panischer Angst davon.

Um die Mittagszeit kam einer der Hunde zum Gutshof zurück. Schaumflocken flogen von seinen Lefzen, hechelnd hing die Zunge aus dem Maul. Aufheulend drängte er sich zwischen die Menschen, die sich mittlerweile wieder ins Freie wagten.

Zu dieser Stunde ahnte man im Herrenhaus bereits, daß etwas Schlimmes vorgefallen sein mußte. Die Bauern eilten auf das Feld hinaus. Es war nicht mehr wiederzuerkennen. Wiesen, Büsche, Bäume – alles ratzekahl gefressen! Den fassungslosen Leuten bot sich ein Bild der Verwüstung. Keine Ähre war auf dem Halm geblieben, kein Blatt auf dem Stengel. Die Ernte eines ganzen Jahres war vernichtet.

Irgend jemand entdeckte inmitten des Gewimmels das verendete Pferd des Gutsherrn. Keine zwanzig Schritte neben dem Roß fand man auch den Reiter. Er hatte für seinen Starrsinn büßen müssen. Tot lag er auf der Erde, über und über mit krabbelnden Heuschrecken bedeckt. Beim Sturz vom Pferd hatte er sich das Genick gebrochen.

Heuschrecken über der Josefstadt

Die große Wanderheuschrecke stammt aus Osteuropa und Mittelasien. Eine ihr verwandte Art aus Osteuropa suchte in früheren Zeiten immer wieder Mitteleuropa heim. In oft buchstäblich die Sonne verfinsternden wolkengleichen Scharen zogen die Heuschrecken über weite Landstriche. Wo sie sich niederließen, verheerten und vernichteten sie jeglichen Pflanzenwuchs. Ein solcher Heuschreckenschwarm verbraucht pro Tag für seine Ernährung so viele Kalorien wie die 150.000 Einwohner einer Großstadt.

Um das Jahr 1545 tauchten riesige Schwärme der Wanderheuschrecke in Niederösterreich und rund um Wien auf und richteten enorme Schäden in Getreidefeldern und Wiesen an. Beinahe wäre eine Hungersnot ausgebrochen. Im Museum von Waidhofen an der Ybbs hängt ein Gemälde, das die

Heuschrecken neben den Türken als eine der größten Plagen des 16. Jahrhunderts darstellt.

Daß der jähe Tod eines adeligen Gutsherrn – angeblich des Besitzers des Buchfeldes – mit dem Einfall der Heuschrecken zusammenhängt, darf mit Recht bezweifelt werden.

Vielleicht hat der Erzähler der Sage in dem überraschenden Tod eines hartherzigen Gutsherrn so etwas wie eine ausgleichende Gerechtigkeit gesehen. Er hat zwei Begebenheiten miteinander verknüpft, die wahrscheinlich nichts miteinander zu tun hatten.

Der Basilisk

Der Bäckermeister Garhiebl war wütend. Das Wasserfaß stand leer in der Backstube! Konrad, der Lehrbub, hatte vergessen, es am Abend zu füllen.

Die beiden Gesellen wollten schon anfangen, den Teig zu kneten. Mehl war da, Salz war da, auch Sauerteig. Was fehlte, war das Wasser.

„Lausbub, elender“, polterte Meister Garhiebl und riß den Konrad am Ohr. „Ich werd' dir schon beibringen, deine Pflichten ernst zu nehmen!“

Der Bäckermeister war ein aufbrausender Mann. Für die Dienstleute fand er nur selten ein freundliches Wort. Das sparte er sich lieber für die Kundschaft auf, die in seine Bäckerei in die Schönlaterngasse kam.

Der Lehrbub griff nach dem Tragholz und wollte schon die beiden Eimer nehmen, die zum Wasserholen bestimmt waren. Aber Garhiebl riß sie ihm aus der Hand und stieß Konrad unsanft in die Backstube. „Du wirst hier gebraucht“, herrschte er ihn an. „Wasser soll die Kathrin holen!“

Kathrin, die Dienstmagd, schreckte von ihrem Lager hoch. Die zornigen Worte des Bäckermeisters hatten sie aus dem Schlaf gerissen. War es zwei Uhr, drei Uhr früh?

Sie war spät ins Bett gekommen. Wenn die Arbeit im Haushalt des Bäckers aufhörte, fing sie in der Backstube an. Müde fuhr sie in ihre Kleider. Dann nahm sie gähnend die Eimer und tappte über den Hof zum Brunnen. Sie hängte den ersten Kübel an das Seil, ließ ihn hinab und hockte sich auf die steinerne Einfriedung. Die Geschichte von der Frau Holle, die ihr die Frau Meisterin erzählt hatte, fiel ihr ein. So wie sie jetzt am Brunnenrand saß, war wohl auch die Goldmarie dagehockt – mit von der Arbeit wunden, aufgesprungenen Fingern. Arbeit, Arbeit und noch einmal Arbeit! Kathrin kannte nichts anderes, seit sie mit vierzehn Jahren zu den Bäkkersleuten in den Dienst gekommen war. Aber sie würde nicht wie die Goldmarie in den Brunnen springen. Man konnte es schon aushalten bei den Garhiebls, wenn man sich erst einmal an die jähzornige Art des Meisters gewöhnt hatte. Die Meisterin war gut; es gab immer genug zu essen, und Kathrin war jung und hübsch. Die Gesellen, der Ignaz und der Heinrich, machten ihr beide schöne Augen. Das Leben lag vor ihr wie eine weite Frühlingswiese, nicht wie ein finsterer Brunnenschacht.

„Kathrin, wo bleibst denn?" dröhnte die Stimme des Bäckermeisters über den Hof. Die Magd beugte sich über den Brunnenrand. Merkwürdig – das Seil war längst über die Rolle gelaufen, der Eimer mußte den Grund erreicht haben, aber er war nicht auf die Wasserfläche geplatscht! Seltsame Geräusche drangen aus dem Schacht: dumpfes Quaken, heiseres Krähen.

Du bist noch nicht richtig wach, dachte Kathrin. Sie hängte den zweiten Eimer an das Seil und ließ ihn in die Tiefe. Nein, sie hatte sich nicht getäuscht! Da war es wieder, dieses klagende, langgezogene Krähen! Und gleichzeitig kam es ihr vor, als ob sich da unten etwas bewegte.

Kathrin beugte sich noch weiter über den Rand. Da stieg eine Wolke von so abscheulichem Gestank aus dem Brunnen, daß sich das Mädchen benommen zurücklehnte, für einige Augenblicke die Besinnung verlor und auf das Hofpflaster sank. Als sie wieder zu sich kam, taumelte sie, um Hilfe rufend, zur Backstube.

„Kathrin, was ist denn geschehen? Meine Güte, wie siehst du denn aus! Leichenblaß bist im Gesicht! Wo sind denn die Wassereimer?"

Mühsam rang Kathrin nach Atem. „Ein Ungeheuer“, stammelte sie, „ein Scheusal! Da draußen im Brunnen!“

„Unsinn“, knurrte der Bäckermeister. „Was ist denn heut’ los mit euch? Es geht ja gar nichts weiter!“

Der Ignaz und der Heinrich hatten schon eine Pechfackel genommen und waren über den Hof zum Brunnen gelaufen. Brummend folgte ihnen Garhiebl, der sich über die Verzögerung ärgerte. Hinter ihm kamen die Bäckerin und der Lehrbub.

„Man sieht nichts, Herr Meister“, meldete Heinrich. „Aber, mit Verlaub gesagt, aus dem Brunnen stinkt es wie aus einem offenen Grab!“

Ja, nun rochen es alle. Die scheußlichen Dünste waren stärker geworden. Auch Garhiebl konnte nicht leugnen, daß der Gestank aus seinem Brunnen kam. Und auf einmal hörten sie auch das Krähen, dieses seltsame, dumpfe, fast quakende Krähen.

Ratlos standen sie um den Brunnen herum. Es war ihnen ein wenig unheimlich geworden. Nun kam auch Kathrin über den Hof. Sie trug eine Windlaterne. Heinrich nahm sie ihr aus der Hand. „Ich schau nach", sagte er. „Möcht' zu gern wissen, was da unten herumkreucht und uns heroben die Luft verpestet!"

„Nein", rief Kathrin. „Heinrich, bleib da!"

Aber der Geselle wollte allen und vor allem Kathrin seinen Mut beweisen. Ignaz und der Bäckermeister banden ihm einen Strick um Brust und Schultern, und Heinrich kletterte in den Brunnen.

„Steig langsam hinunter, Sprosse um Sprosse", riet der Bäkker. „Und wenn du rufst, holen wir dich gleich herauf."

Schwach leuchtete der Schein der Windlaterne aus dem Schacht und wurde immer schwächer, je tiefer Heinrich hinabstieg. Elle um Elle glitt das Seil durch die Hände des Meisters. Alle warteten in atemloser Spannung.

Auf einmal ein Schrei, wie in großer Not! Das Seil straffte sich; Heinrich mußte den Halt verloren haben!

Garhiebl, Ignaz und Konrad begannen mit aller Kraft zu ziehen. Schweiß lief ihnen über die Gesichter, trotz der kühlen Morgenluft. Es schien eine Ewigkeit zu dauern, bis sie den Gesellen endlich über den Brunnenrand gezogen hatten.

Heinrich war ohne Bewußtsein. Er röchelte, atmete schwer. Die Garhieblin und Kathrin betteten den Ohnmächtigen auf das Hofpflaster, öffneten ihm das Hemd und fächelten ihm frische Luft zu.

Es dauerte lange, bis der Geselle die Augen aufschlug. Er wollte etwas sagen, aber das Sprechen fiel ihm schwer. „Ein Untier . . .", stöhnte er, „da unten . . . im Brunnen!"

„Was hat es dir getan, Heinrich?" rief Kathrin und packte den

Gesellen an den Schultern. „So red doch! Erzähl, was du gesehen hast!“

Heinrich verdrehte die Augen. Man merkte, daß er alle Kraft zusammennahm. „Ein Scheusal“, stammelte er. „Es hat den Kopf von einem Hahn, aber den Leib von einer Kröte und einen langen schuppigen Schwanz wie eine Schlange . . . Auf dem Kopf trägt es eine Krone, die funkelt wie rotes Edelgestein . . .“

„Weiter“, drängte die Meisterin. „Was hat es dir getan?“

„Es . . . hat mich angeschaut.“ Heinrich begann zu zittern. Kathrin legte ihm die Hand auf die Stirn. Sie war heiß und trocken.

„Wir müssen Hilfe holen“, sagte die Garhieblin. „Konrad, du weckst den Nachbarn! Er möge den Herrn Stadtrichter verständigen! Und er soll um einen Bader schicken. Vielleicht muß man den Heinrich zur Ader lassen!“

Kathrin hätte lachen müssen, wäre es nicht so schlimm um Heinrich gestanden. Während der Bäckermeister jammernd und händeringend im Kreis herumlief, traf seine Frau alle Anordnungen, was zu geschehen hatte. Sie schien als einzige klaren Kopf zu bewahren.

Langsam dämmerte der Morgen. Niemand dachte mehr ans Brotbacken. Heinrich hatte wieder das Bewußtsein verloren.

Es dauerte noch gut eine Stunde, bis der Stadtrichter, Herr Jakob von der Hülben, erschien. In seiner Begleitung befand sich ein merkwürdiger alter Mann. Er trug einen schwarzen Gehrock mit einem sechszackigen Silberstern auf der Brust. Ein weißer Bart und Schläfenlöckchen umrahmten unter einem hohen Hut das schmale, kluge Gesicht.

„Das ist der gelehrte Magister Hersch Ben Levi, mein geschätzter Freund und unseres Herzogs Leupold Leibarzt“, erklärte der Stadtrichter ohne Umschweife. Daß er sich überhaupt um diese frühe Stunde eingefunden hatte, war wohl dem guten Ruf zu verdanken, den Garhiebls vorzügliches Gebäck bei allerlei hohen Herrn genoß. Schon der frühere Stadtrichter Bitrolf, der Vorgänger Jakob von der Hülbens, hatte vom Backhaus in der Schönlaterngasse das Brot und die Semmeln holen lassen.

„Nun erzählt, was sich zugetragen hat!"

Mit hastigen Worten berichtete die Garhieblin den Vorfall, erwähnte den Gestank im Brunnen und schilderte, was dem Heinrich geschehen war, als er sich hatte abseilen lassen.

Hersch Ben Levi machte ein ernstes Gesicht. Prüfend legte er sein Ohr auf Heinrichs Brust und maß lange den Puls. Kathrin und die Bäckerin beteten leise; die anderen standen schweigend um den Arzt herum.

„Ein Hahn mit einem Krötenleib?" forschte der Magister und schüttelte nachdenklich den Kopf.

Heinrich hatte die Augen aufgeschlagen. Er schien wieder bei Bewußtsein.

„Und weiter?" fragte der gelehrte Mann.

„Dann haben wir ihn heraufgeholt", berichtete der Bäckermeister. „Heinrich hat um Hilfe gerufen. Wir haben ihn aus dem Brunnen gezogen, so schnell es ging."

Der Arzt sah die Umstehenden der Reihe nach an, aber es war, als würde er durch sie hindurchblicken und weit in die Ferne schauen.

„Nun, Hersch, was ist?" drängte ihn der Stadtrichter.

„Das Tier, das in diesem Brunnen sitzt, Bäckermeister, ist ein Basilisk", sagte Ben Levi dann langsam. „Ein kluger Mann im alten Rom hat es beschrieben vor eintausendzweihundert Jahren. Ich habe es nie geglaubt, aber es ist doch wahr, was der alte Römer berichtet in seinem Buch: Der Basilisk lebt und ist ausgerechnet bei uns in der Wienerstadt zum Vorschein gekommen. Gott möge uns schützen vor ihm!"

„Was ist das, ein Basilisk?" fragte der Stadtrichter.

„Wenn ein Hahn ein Ei legt“, erklärte Hersch Ben Levi, und seine Stimme verriet seine Besorgnis. Die Bäckersleute, Kathrin, Ignaz, Konrad, der Stadtrichter, alle lauschten, atemlos vor Schrecken.

„Und wenn dieses Hahnenei von einer Kröte ausgebrütet, und das Tier, welches aus dem Hahnenei schlüpft, von einer Schlange aufgezogen wird, dann entsteht daraus dieses Untier; wie dieser Geselle es richtig nennt. Es ist kein Tier, es ist ein Untier, ein Ungeheuer, und es gibt kein zweites von seiner Gattung; kein zweites, das einen Hahnenkopf, einen Krötenleib und einen Schlangenschwanz hätte. So hat es Plinius, der alte Römer, beschrieben. Das Monstrum ist allein geblieben durch alle zwölf Jahrhunderte. Es kann nicht leben und nicht sterben; unterirdisch kriecht es herum, und wen es ansieht, der ist dem Tod geweiht. Aus dem Hahnenschnabel des Basilisken weht seinen Opfern schon der Verwesungsgeruch entgegen. Ich kann dir nicht helfen“, wandte sich der gelehrte Mann bekümmert an Heinrich, „aber ich kann deine Schmerzen lindern.“

Und er flößte dem Bäckergesellen einen seltsam riechenden Trank ein, so daß Heinrich, der zuletzt im Fieber um sich geschlagen und wirr gesprochen hatte, wieder ruhiger wurde.

Kathrin trug man auf, nach Sankt Stephan zu laufen und den Pfarrer zu holen. Darum konnte sie nicht hören, was die beiden hohen Herren, der Stadtrichter und der weise jüdische Arzt, mit den Bäckersleuten im Nebenzimmer besprachen.

Aber später erzählte es ihr die Meisterin, Wort für Wort. „Der Basilisk tut niemandem etwas zuleide, aber wer ihn sieht, muß sterben. Seine Häßlichkeit ist so unvorstellbar, daß niemand seinen Anblick überlebt. Kein Speer, keine Lanze, kein Schwert kann ihm was anhaben; der Schuppenpanzer des Basilisken ist fester als Eisen. Darum ist er mit der Waffe nicht umzubringen. Nur wenn sich der Basilisk selbst erblickt in seiner Häßlichkeit, muß er auf der Stelle verenden.“

Wenn der Basilisk im Laufe der Jahrhunderte in einem Brunnen aufgetaucht war, dann hatten sich die Menschen damit begnügt, den Brunnenschacht zuzuschütten, ihn mit Steinen anzufüllen.

„Ich will es wagen“, rief Ignaz, der in die Stube getreten war und die letzten Sätze des gelehrten Mannes mitgehört hatte. „Gebt mir einen Spiegel, so will ich ihn dem Scheusal vorhalten, auf daß es zerplatzt bei seinem eigenen Anblick. Ich will in den Brunnen hinabsteigen und dafür sorgen, daß niemand mehr durch das Ungeheuer Schaden nimmt.“

Alle waren vorerst dagegen. Garhiebl fürchtete, auch seinen zweiten Gesellen zu verlieren, doch Ignaz wollte sich nicht aufhalten lassen. Weder der Stadtrichter noch der Arzt, weder der Bäckermeister noch dessen Frau konnten ihn von seinem Vorhaben abhalten; nicht einmal Kathrins Bitten halfen.

„Ich muß es tun für unseren Heinrich“, sagte er. „Wäre ich als erster in den Brunnen geklettert, dann läge ich jetzt an seiner Stelle auf dem Totenbett!“

Hersch Ben Levi tropfte Ignaz eine Arznei in die Augen, die den Gesellen für kurze Zeit erblinden ließ – zu seinem eigenen Schutz. Dann führte er ihn an der Hand zum Brunnenschacht. Dort drückte er ihm einen seltenen hohlen Metallspiegel in die Rechte, in dem alles größer erschien, als es in Wirklichkeit war.

Am Seil ließen sie nun auch den Ignaz in den Brunnen hinab wie zuvor den Heinrich, während die Umstehenden ein Vaterunser nach dem anderen beteten. Vor Nase und Mund hatte der Arzt dem Gesellen ein Tuch gebunden; die Ohren hatte er ihm mit Wachs verklebt, damit der Ignaz das Quaken und Krähen des Basilisken nicht höre. So stand der tollkühne Bäckergeselle unten im Brunnenschacht, auf der untersten Eisensprosse, und hielt den Spiegel vor sich wie Sankt Georg seinen Schutzschild im Kampf mit dem Drachen.

Und wie Sankt Georg blieb auch der Ignaz siegreich. Die

Menschen, die oben voller Angst und Sorge am Brunnenrand standen, hörten plötzlich einen grauenvollen Ton, einen herzzerreißenden Schrei. Das war der Basilisk, der sich zum ersten Mal selbst sah in seiner ganzen abstoßenden Häßlichkeit – und daran zugrunde ging.

Schließlich gab der weise Magister ein Zeichen, den Ignaz heraufzuziehen. Und als er wieder ebene Erde unter den Füßen hatte, erholte sich der Bäckergeselle rascher als alle anderen, die oben beim Brunnen gestanden, aber vom Gestank ganz benommen und durcheinander waren und denen der Kopf schmerzte wie nach einer durchzechten Nacht.

Zum Schluß befahl Jakob von der Hülben, der Stadtrichter, den Brunnen bis oben hin mit Steinen anzufüllen: Der Basilisk war zu Tode gekommen, nun sollte er auch begraben werden.

Auch Heinrich starb, noch ehe der Tag um war, gesegnet mit den Tröstungen der Kirche, die ihm der Pfarrer von Sankt Stephan gespendet hatte.

Ignaz aber, der tapfere Bäckergeselle, der die Stadt Wien vom Basilisken befreit und vor größerem Unheil bewahrt hatte, wurde aufs Jahr darauf von der Bäckerzunft zum Meister gesprochen. Und wieder ein Jahr darauf nahm er Kathrin zur Frau. Der Stadtrichter ließ es sich nicht nehmen, Trauzeuge zu sein. Zur Erinnerung an die mutige Tat des Burschen wurde am Haus des Bäckermeisters Garhiebl eine Gedenktafel angebracht, die ein steinernes Abbild des Basilisken schmückte.

Als man das Wasser noch beim Brunnen holte

Das Relief mit dem Basilisken ist noch heute an der Außenfront des Hauses Schönlaterngasse 7 im ersten Bezirk, Innere Stadt, zu sehen. Bis zum Jahre 1740 soll sich unter der Abbildung eine Tafel befunden haben, auf der folgendes zu lesen war:

„Anno Domini MCCXII (1212) Ward erweldt Kayser Friederich der II. undter seynem Regiment ist von aynem Hann endtsprungen ain Basilisc, welcher obstehender Figur gleych, und ist der Brunn voll angeschütt worden mit Erden, darinnen solligs Thier gefunden worden ist; ohn Zweyffel, weil ob seyn gifftigen Aigenschaften vyll Menschen gestorben und verdorben seyndt."

Die hygienischen Verhältnisse im Mittelalter waren katastrophal. In den Städten, wo viele Menschen auf engem Raum zusammenlebten, waren sie noch schlimmer als auf dem Land. Vielleicht hatte jemand verderbliche Abfälle in den Schacht geworfen; vielleicht sind menschliche Ausscheidungen und Jauche in den Brunnen gelangt. Vielleicht hatte der Bäcker Konkurrenten oder Feinde, die ihm schaden wollten. Sie könnten als Brunnenvergifter am Werk gewesen sein und einen verwesenden Tierkörper in den Schacht geworfen haben. Möglicherweise war ein Haustier, vielleicht ein Hahn, in den offenen Brunnen gestürzt und dort längere Zeit nicht bemerkt worden.

Jedenfalls kann man als sicher annehmen, daß jemand in den Brunnen geklettert ist, um der Ursache des üblen Geruches nachzugehen und sie zu beseitigen. Dabei dürfte es zu einem Unfall mit einem oder sogar mehreren Toten gekommen sein. Vergiftungen durch Gärgase oder Erstickungstod in Senk- und Klärgruben kommen auch heute noch immer wieder vor.

Im Lauf der Zeit wurde dann diese Begebenheit mit einer viel älteren Sage aus der Antike, die der Römer Plinius erzählt, vermischt. Die Stadt Wien ist jedenfalls nicht der einzige Ort, an dem angeblich der Basilisk mit allen verheerenden Folgen für den Augenzeugen aufgetreten ist. Auch aus dem Schwabenland und aus Schleswig-Holstein sind zwei ähnliche Sagen bekannt.

Die Bärenmühle

Klirrende Kälte lag über dem Land. An einen Winter wie diesen konnten sich selbst die ältesten Leute nicht erinnern. Teiche und Flüsse waren beinhart zugefroren. Sägen und Hammerwerke standen still, das vertraute Klappern der Mühlen war verstummt. Straßen und Wege waren wie leergefegt vom eisigen Nordwind. Wer nicht unbedingt vor die Tür hinaus mußte, blieb in den schützenden vier Wänden, schürte das Herdfeuer oder kroch beizeiten unter eine Decke.

Auch der Wienfluß trug einen dicken Eispanzer, und die alte Mühle beim Kärntner Tor wartete auf wärmere Tage. Mißmutig kratzte der Müller jeden Morgen die Eisblumen von der Fensterscheibe. Aus der hölzernen Fallrinne und von den Schaufeln des Mühlrades hingen mächtige Eiszapfen. Es konnte noch Wochen dauern, bis sie schmelzen würden.

Nachts lag der Müller stundenlang wach in seinem Bett. Er merkte, daß ihm die tägliche harte Arbeit fehlte. Während er sonst nach getanem Tagwerk todmüde auf den Strohsack fiel, wälzte er sich jetzt die halbe Nacht unruhig von einer Seite auf die andere und konnte kein Auge zutun.

Nun, auch wenn dieser strenge Winter den Müller zur Faulheit zwang, er würde nicht Hunger leiden müssen. Weder er noch die Theres, sein Weib, noch der Bartl, der Geselle, der in der Dachkammer schlief. Der Müller konnte zu Lichtmeß, am 2. Februar, eines der zwei Schweine schlachten, die im Stall grunzten. Seltsam! Irgend etwas schien die Tiere zu beunruhigen. Die Kuh rasselte an der Kette, und dazwischen war immer wieder das helle Meckern der Ziegen zu hören. Ob ein Fuchs bei den Hühnern war? Ein Wiesel? Ein Iltis? Erst in der vergangenen Nacht hatte der Müller aus der Ferne Wolfsgeheul hören können. Kein Wunder, daß sich das Raubzeug so nahe an die Siedlungen der Menschen heranwagte – bei dieser beißenden Kälte!

Der Müller lauschte neuerlich in die Dunkelheit. An Schlaf war nicht zu denken. Es war wohl das beste, im Stall nachzusehen. Der Müller erhob sich, zündete eine Kerze an und warf sich eine dicke Decke über.

„Stehst schon auf? Ist schon Früh?“ murmelte die Müllerin verschlafen.

„Kann kaum Mitternacht sein. Schlaf du nur weiter! Ich schau’ in den Stall hinunter. Die Tiere lärmen grad so, als ob sie nichts zu fressen bekommen hätten.“

Gähnend schlurfte der Müller zur Haustür und stieß sie auf. Ein eisiger Windstoß fuhr ihm entgegen. Die Kerze flackerte auf und erlosch. Der Müller fluchte und tappte über den finsteren Hof zum Stall hinüber. Nein, hier ging es nicht mit rechten Dingen zu! Brüllend riß die Kuh an der Kette, und die Schweine tobten im Koben herum, als wollten sie das Weite suchen. Ein merkwürdig scharfer Geruch stieg dem Müller in die Nase. Und war da nicht auch ein zorniges Brummen? Beunruhigt versuchte der Mann, die Finsternis mit seinen Augen zu durchdringen. Er hätte die Stallaterne anzünden sollen, nicht die Kerze!

Plötzlich traf ihn ein furchtbarer Prankenhieb und schleuderte ihn zu Boden. Stinkender, heißer Atem dampfte dem Müller ins Gesicht, und er fühlte, wie sich Krallen tief in sein Fleisch bohrten. Ein Bär!

Halb ohnmächtig vor Angst und Schmerz schrie der Mann gellend um Hilfe und versuchte, den Hof zu erreichen. Nur der dicken Wolldecke war es zu verdanken, daß ihn der Bär nicht richtig zu fassen bekam. Zwei, drei Schritte taumelte der Müller vorwärts, dann war die zottige Bestie wieder über ihm und riß ihn nieder. Dicht über seinem Hals drohte das gewaltige Gebiß.

Da sauste in einem Riesensprung ein Schatten durch die Luft und landete auf dem Rücken des Bären. Sehnige Arme umfaßten den Hals des Tieres und rissen den Kopf zurück – gerade zur rechten Zeit, um den Müller vor dem tödlichen Biß zu retten. Bartl, der Müllergeselle, ritt auf dem Raubtier wie festgewachsen und preßte die Arme mit aller Kraft um die Kehle des Bären.

Der Müller konnte sich, obwohl arg zugerichtet, inzwischen in Sicherheit bringen. Seine Schreie alarmierten die Nachbarn, die fackelschwingend, mit Messern und Knüppeln bewaffnet, in den Mühlenhof stürzten. Zu siebent oder zu acht gelang es ihnen, dem tobenden Raubtier den Garaus zu machen.

Seit Menschengedenken hatte man keinen Bären mehr in der Nähe von Wien gesehen. Niemand konnte sagen, woher das Tier gekommen war. Man konnte nur vermuten, daß der Hunger es aus dem Winterschlaf geweckt hatte.

Zerschrammt, zerkratzt und zerschunden war der Müller dennoch bald wieder zu Späßen aufgelegt. Von nun an, erzählte er herum, gedenke er – dank dem Gesellen Bartl – zweimal im Jahr Geburtstag zu feiern. Und als am Sonntag darauf der Bärenschinken im Bärenfett brutzelte, wurden alle Freunde und Nachbarn zum Bärenschmaus geladen. Sie erhielten Kralle oder Zahn des Tieres zur Erinnerung an das denkwürdige Ereignis. Dem mutigen Gesellen aber, der seinem Meister das Leben gerettet hatte, wurde das Fell des Bären zugesprochen. Er ließ sich daraus einen Pelzmantel nähen, den er fortan Winter für Winter trug, solange er lebte.

Bartl und der Müller wurden es nicht müde, den Fuhrleuten und Bauern, die ihr Getreide zum Mahlen brachten, die Geschichte dieser kalten Winternacht zu erzählen. So kam es, daß die alte Mühle an der Wien bald nur mehr die „Bärenmühle“ genannt wurde.

Als am Wienfluss die Mühlen klapperten . . .

Die Zeit der „klappernden Mühlen am rauschenden Bach“ ist längst abgelaufen. Die alten Mühlen verstummten nach und nach, und schließlich verschwanden sie meist, ohne Spuren zu hinterlassen.

Im breiten Betontrog fließt heute die Wien und entschwindet, bevor sie den Stadtpark erreicht, wie in einer Gruft. Die längste Zeit im Jahr ist der Wienfluß ein unscheinbares Rinnsal. Man würde ihm nicht zutrauen, daß er einst, als er ungebändigt zwischen grünen Ufern dahinfloß, die Kraft hatte, schwere Mühlräder anzutreiben.

Entlang der Wien gab es mehrere Mühlen. Die Namen „Mühlgasse“, „Schleifmühlgasse“, „Heumühlgasse“ und „Rotenmühlgasse“ erinnern daran. Bei der „Bärenmühle“ im vierten Bezirk handelt es sich vielleicht um die ehemalige „Heiliggeistmühle“. Aber das ist nur eine Vermutung, nicht mehr. Auf der Höhe der Wienzeile zweigte sogar einmal ein künstlicher Flußarm ab, der die Mühlen antrieb – ein „Mühlbach“ eben.

Die Zeit, als die kleinen Lohn- und Bauernmühlen in Betrieb waren, war keineswegs die „gute, alte Zeit“, wie man uns manchmal gern weismachen will. Der Müller und seine Gesellen führten ein arbeitsreiches, oft hartes Leben.

Der Arbeitsablauf in der Mühle war für Jahrhunderte immer derselbe: Das Getreide wurde getrocknet und gereinigt, dann kam das Mahlen und das „Sichtern“ (Sieben) – das Trennen des Schrotes in Mehl und Kleie. Die Technik war einfach und für jedermann zu begreifen: Das Wasser stürzte aus der Fallrinne und bewegte das Mühlrad. Der waagrechte Wellenbaum übertrug die Kraft ins Innere der Mühle und trieb die senkrechte Ritzelwelle an. Die Ritzelwelle führte durch den unteren (unbeweglichen) Mühlstein zum oberen, mahlenden Stein. Im Spalt dazwischen wurden die Getreidekörner zerquetscht und zerrieben.

Die Mühlsteine haben längst ausgedient. Metallwalzen haben sie ersetzt, und die Arbeitsabläufe in der Großmühle werden heute vom Computer gesteuert. Die kleinen Mühlen sind verschwunden. Nicht nur in Wien, sondern im ganzen Land. Einige wurden in Freilichtmuseen wiederaufgebaut. Dort sieht man manchmal, wie das Wasser das Mühlrad treibt, aber Getreide mahlt sie nicht mehr.

Und was ist wahr an der Geschichte mit dem Bären?

Tatsächlich verirrten sich bis ins 18. Jahrhundert manchmal Bären in das Wiener Stadtgebiet. Der letzte Bär soll 1715 bis nach Hütteldorf gekommen sein.

Das Haus, das heute „Bärenmühle“ genannt wird, steht in der Operngasse 18 im vierten Bezirk, Wieden. Eine Gedenktafel erinnert an die Sage von dem nächtlichen Bärenüberfall.

Die Löwenbraut

Auf der Simmeringer Heide, östlich von Wien, ließ Kaiser Maximilian II. seinen Sommersitz erbauen. Das prächtige Schloß hätte sich einen anderen Namen als die nüchterne Bezeichnung „Neugebäude" verdient. Hinter der hohen Mauer, die das Neugebäude umgab, lag ein weitläufiger Park mit Bäumen und Blumen, die man hierzulande bisher nicht gekannt hatte. Die ersten Roßkastanien Österreichs wuchsen hier, die ersten Fliedersträucher und die ersten Tulpen konnte man blühen sehen. Seltene Tiere, wie sie noch kein Wiener erblickt hatte, wurden in Käfigen gezeigt.

Auch der Sohn Kaiser Maximilians, Rudolf II., hielt sich während der Sommermonate gern im Neugebäude auf und zog sich mit seiner Familie auf den stillen Landsitz zurück, sooft es seine Zeit erlaubte. Dort fanden auch die Familienfeste statt, die man nicht in aller Öffentlichkeit, sondern im kleineren Kreis geladener Gäste feiern wollte.

Wieder einmal war es soweit: Eine der Prinzessinnen hatte Geburtstag. Der Prunksaal des Schlosses war festlich geschmückt. Fanfaren erklangen, Hofmusikanten brachten der Tochter des Kaisers ein Ständchen, Singspiele und kleine Theaterstücke wurden in bunter Reihenfolge vorgetragen.

Berta, die zehnjährige Tochter des Tierwärters, hatte ebenfalls eine Rolle übernommen. Sie trat als Schutzgeist Österreichs auf. In den Händen trug sie ein Füllhorn voller Rosen.

Schon wollte Berta vor die kleine Prinzessin hintreten und ein Glückwunschgedicht sprechen, da sprang auf einmal die Flügeltür auf. Gewaltiges Gebrüll ließ die Luft erzittern, und ein ausgewachsener Löwe stand mitten im Festsaal!

Das Gebrüll verebbte und ging in heiseres Knurren über. Die schrecklichen Eckzähne der Bestie ragten seitlich aus dem halbgeöffneten Rachen – ein furchterregender Anblick! Der Löwe mußte aus dem Tiergarten ausgebrochen und irgendwie in das Schloß gelangt sein.

Der Kaiser war bleich geworden; seine Gemahlin hatte entsetzt die Hände vors Gesicht geschlagen. Wie war das Tier aus dem Käfig gelangt? Hatte der Wärter im Festtagstrubel vergessen, das Gittertor abzuschließen? Hatte sich der Löwe, aufgeschreckt vom Krachen der Salutschüsse, gegen die Käfigtür geworfen und der Anprall sie geöffnet? Fragen, die im Augenblick niemand beantworten konnte; Fragen, die im Augenblick nicht wichtig waren. Wichtig war nur die Sicherheit der kaiserlichen Familie und der Gäste!

Nach einer ersten Schrecksekunde stellten sich zwei Leibwächter schützend vor den Herrscher und seine Angehörigen, während sich die anderen mit gezückten Hellebarden auf das Raubtier stürzten.

„Halt!“ gellte da ein Schrei durch den Saal. „Nicht töten! Ihr dürft den Löwen nicht töten!“ Es war Berta, die Wärterstochter,

und noch ehe jemand ein Wort sprechen konnte, sprang die Kleine vor und fiel dem Raubtier um den mächtigen Hals.

In der Halle herrschte atemlose Stille. Entsetzt starrten die Gäste auf das tollkühne Mädchen. Doch der Löwe gab sich mit einem Mal ganz zahm. Er streckte sich, gähnte und rieb sein Haupt mit der dichten Mähne an Bertas Schulter. Lammfromm schritt er dann hinter dem Kind her aus dem Saal. Kurz darauf war er wieder hinter Schloß und Riegel.

Erleichtert atmeten die Leute auf, und als das Mädchen in die Halle zurückkehrte, brach das Publikum in Bravo- und Hochrufe aus. Der Kaiser selbst bedankte sich bei der Tierwärterstochter für den Mut und ihre Umsicht und machte ihr den Löwen zum Geschenk. Und als Kaiser Rudolf die kleine Berta „Löwenbraut" nannte, da ging ein befreites Auflachen durch den Saal.

Von nun an kümmerte sich Berta noch mehr um ihren Pflegling, als sie es bisher getan hatte. Jeden Tag besuchte sie den Löwen im Käfig, wo sie von dem Tier bereits mit Ungeduld erwartet wurde. Man konnte sehen, wie sehr es dem Mädchen zugetan war. Es legte seinen Kopf in Bertas Schoß, ließ sich hinter den Ohren kraulen und die dichte Mähne zausen.

Einmal betrat Berta mit einem Kätzchen im Arm den Raubtierkäfig. Knurrend und mit gesträubtem Fell zog sich da der Löwe in eine Ecke zurück und ließ sich nicht einmal durch die zärtlichsten Worte hervorlocken. Ein anderes Mal raste er, laut aufbrüllend, die Gitterstäbe entlang, als er Bertas kleinen Bruder erblickte, der an der Hand der großen Schwester zum Käfig getreten war. Da erkannte das Mädchen, daß die Eifersucht den König der Tiere quälte, und hütete sich von nun an, ihn auf diese Weise herauszufordern.

Mit den Jahren wurde der Löwe in seinem Gefängnis alt und mürrisch, während Berta zu einer schönen jungen Frau heranwuchs. Der Sohn des kaiserlichen Jagdaufsehers hielt um ihre

Hand an, und Bertas Eltern willigten gerne ein, daß er sie zur Frau nahm.

Die Vorbereitungen für die Hochzeit erforderten viel Zeit. Berta konnte sich kaum mehr um den Löwen kümmern. Das Tier fühlte sich arg vernachlässigt. Das Fleisch, das ihm von Bertas jüngerem Bruder, Leo, vorgeworfen wurde, rührte es nicht an. Der Löwe war es gewohnt, sein Futter aus der Hand seiner Herrin entgegenzunehmen. Er magerte ab. Schulter- und Beckenknochen standen eckig hervor, deutlich zeichneten sich die Rippen unter dem struppigen Fell ab, das jeden Glanz verloren hatte. Teilnahmslos lag er in einer Ecke des Käfigs und verschlief beinahe den ganzen Tag. Nur wenn Berta zu ihm kam, wurde er wieder munter und wollte wie früher mit ihr spielen.

Als der Hochzeitstag gekommen war, wünschte Berta von ihrem Löwen Abschied zu nehmen. Vergeblich versuchte ihr Bräutigam, der böse Vorahnungen hatte, sie davon abzuhalten. Daß es für alle Beteiligten ein Abschied für immer werden sollte, wußte freilich auch er nicht.

„Tu's nicht!" bat er Berta. „Du weißt, er ist alt und unberechenbar!"

Aber Berta lachte nur. „Ich war doch viele Jahre lang die Löwenbraut! Es wäre herzlos, meinen Löwenbräutigam zu verlassen, ohne ihm Lebewohl gesagt zu haben."

Sie öffnete die Käfigtür, hockte sich zu dem Löwen, kraulte das schütter gewordene Fell und flüsterte ihm zärtliche Abschiedsworte ins Ohr. Willig ließ es das Tier geschehen.

Doch plötzlich entdeckte der Löwe Bertas Bräutigam draußen vor dem Käfig. Der junge Mann war nachgekommen, um seine Braut zur Eile zu ermahnen. Wild fauchend sprang das Raubtier auf die Beine, warnend peitschte die Schwanzquaste die Bretter des Käfigs. Berta ließ sich jedoch nicht einschüchtern. Sie streckte dem Löwen die Hand entgegen und sagte mit sanfter Stimme: „So beruhig dich doch, mein Alter!"

Da duckte sich die Bestie zum Sprung, schnellte hoch und riß das Mädchen mit den Vorderpranken zu Boden.

Was nützte es, daß der Löwe von herbeigeeilten Wärtern auf der Stelle getötet wurde? Berta war nicht mehr zu retten. Sie starb in den Armen ihres Bräutigams, an ihrem Hochzeitstag, zu jener Stunde, in der die Trauung hätte stattfinden sollen.

Als das Neugebäude Sommerschloss war

Der Sommersitz Kaiser Maximilians II., nach italienischem Vorbild errichtet, steht auch heute noch, und zwar im elften Bezirk, Simmering, an der Simmeringer Hauptstraße 337. Seinem baufälligen Äußeren zum Trotz heißt das Schloß noch immer „Neugebäude". Ein Ort der Ruhe ist es schon lange nicht mehr, obwohl der Zentralfriedhof gegenüberliegt. Der Verkehrslärm der Simmeringer Hauptstraße ist nicht zu überhören. Die Mauern des einst prachtvollen Bauwerks bröckeln ab, Unkraut wuchert wild zwischen den Fugen der Steine, und das ganze Neugebäude macht auf den Beschauer einen trostlosen Eindruck. Dabei könnte es uns so viel vom Glanz vergangener Tage erzählen: In drei Gärten wurden seltene Pflanzen und Blumen gezüchtet, und die Wiener lernten hier erstmals einen lebenden Elefanten kennen. Maximilian II., der sich wie später sein Sohn Rudolf II. sehr für die Naturwissenschaften interessierte, ließ das Tier aus Italien über Brixen, Linz und Wien nach Kaiser-Ebersdorf treiben. Lange hat der bedauernswerte Dickhäuter den Gewaltmarsch allerdings nicht überstanden, er verendete – man weiß sogar sein Todesjahr – 1554. Von artgerechter Tierhaltung verstand man damals wohl noch nicht viel. Als ein Löwe notgedrungen getötet werden mußte, rankten sich bald einige Geschichten um diese Begebenheit, die von findigen Erzählern immer mehr ausgeschmückt wurde. So kann man sich die Entstehung der Sage von der Löwenbraut vorstellen.

Vielleicht kommt eines Tages ein Prinz, durchdringt die Dornenhecke und weckt das Neugebäude aus seinem Dornröschenschlaf. Es müßte allerdings ein reicher Prinz sein! Pläne, die Schloßruine zu renovieren, gibt es; was fehlt, ist das Geld.

Die Spinnerin am Kreuz

„Männer von Wien, hört, was euch Herzog Leupold kundtut!“ Laut hallten die Trommelschläge des Herolds durch die engen Gassen. In Scharen drängten die Neugierigen aus den Häusern, um der Botschaft des Ausrufers zu lauschen.

„Euer Landesherr zählt auf euch! Er ruft euch auf, an seiner Seite nach Jerusalem zu ziehen. Die Grabesstätte unseres Heilands muß den Händen der Ungläubigen entrissen werden!“

Noch einmal ließ der Herold die Schlegel auf dem Kalbsfell der Trommel tanzen, ehe er mit wichtigtuerischer Miene das nächste Gäßchen betrat.

Und schon hatten sich die ersten Unentwegten gefunden, die bereit waren, den Kreuzzug ins Morgenland mitzumachen. Wie ein Fieber überkam es die jungen Männer; einer steckte den anderen mit seiner Begeisterung für den Kampf gegen die Heiden an.

Unter denen, die sich anwerben ließen, war – zum Erstaunen seiner Bekannten – ein Wiener, der sich erst kurz zuvor verheiratet hatte. Als seine junge Frau erfuhr, daß ihr Gemahl in wenigen Tagen ins Heilige Land ziehen würde, wollte ihr vor Kummer darüber fast das Herz brechen. Sie beschwor ihn, sein Vorhaben noch einmal zu überdenken. Aber weder ihre Bitten noch ihre Tränen konnten ihn von seinem Plan abbringen.

„Das mußt du verstehen!“ rief er, und ein seltsames Feuer leuchtete in seinen Augen. „Es geht nicht an, daß wir die heilige Erde, auf der unser Herr gelebt und gelehrt hat, den Muselmanen überlassen!“

Die junge Frau kränkte sich sehr, aber sie machte ihrem

Mann keine Vorwürfe. Sie wußte, daß sie ihn nicht zurückhalten konnte.

Niemand kann sagen, was den Mann bewogen hat, sein Heil in der Fremde zu suchen. War es wirklich seine Frömmigkeit? War es ihm in der Ehe oder in den Mauern seiner Heimatstadt zu eng geworden? War es die Verlockung, ferne, nie geschaute Länder bereisen zu können? Die Aussicht auf Abenteuer? Mit reicher Kriegsbeute heimzukehren oder sich an der Seite Herzog Leupolds mit Ruhm zu bedecken? Oder war es alles zusammen?

Die junge Frau fügte sich in ihr Schicksal. Aber während sie ihrem Mann das Zeichen der Kreuzfahrer, ein Kreuz aus rotem Tuch, auf Brust und Schulter nähte, rannen ihr unaufhörlich die Tränen über die Wangen.

Als der Tag der Trennung gekommen war, begleitete sie den Gemahl bis zu dem schlichten Holzkreuz auf dem Wienerberg, weit draußen vor den Toren der Stadt.

„Ich werde täglich zu Gott beten, er möge dich beschützen und gesund heimkehren lassen. Hier bei diesem Kreuz will ich auf dich warten“, flüsterte sie, als sie ihren Mann zum letzten Mal umarmte.

Es war eine stolze, stattliche Schar, die frohgemut und voller Tatendrang die Straße Richtung Süden einschlug, auf der die Männer nach Venedig gelangen wollten. Die Waffen der Kämpfer blitzten im Sonnenlicht, und ihre Kreuzritterfahnen flatterten im Wind.

Die junge Frau stand noch lange auf der Anhöhe, selbst als sie die Krieger längst aus den Augen verloren hatte. Wehmütig blickte sie in die Richtung, in der ihr Liebster verschwunden war. Obwohl ihr das Herz unendlich schwer war, war sie doch voller Zuversicht, daß ihr Mann auf dieser Straße wieder heimkehren werde. Dafür wollte sie beten, jeden Tag an dieser Stelle, bei diesem Kreuz.

Ob die Sonne schien oder ob der Regen niederprasselte, ob der Wind kalt oder lau blies, die verlassene junge Frau wanderte von nun an Tag für Tag auf den Wienerberg, wo sie in stummen Gebeten bis zum Einbruch der Dunkelheit ausharrte. Aber da es ihr wie ein Frevel vorkam, die Hände in den Schoß zu legen und untätig unter dem Kreuz zu sitzen, brachte sie eines Morgens ein Spinnrad mit und begann mit geschickten Fingern, Garn aus Flachs zu spinnen. Und weil das Kreuz, in dessen Schatten die Frau das Spinnrad unermüdlich drehte, bereits morsch und brüchig war, gelobte die Spinnerin eines Tages, ein steinernes Denkmal errichten zu lassen – wenn ihr Mann nur wiederkäme.

„Mit meiner Hände Arbeit will ich soviel Geld verdienen, daß ich hier anstelle des alten Holzkreuzes eine Denksäule aus Stein erbauen lassen kann; der Muttergottes zur Ehre, der Gegend zur Zierde – ein Denkmal, das die Zeiten überdauert wie meine ungebrochene Liebe.“

Bald hatte es sich herumgesprochen, daß unter dem Kreuz am Wienerberg eine Frau am Spinnrad sitze, die ein seltsames Gelübde abgelegt hatte. Von überall her kamen nun die Leute, brachten Wolle oder Flachs mit und ließen die Spinnerin feines Garn daraus herstellen. Und weil sie wußten, wofür die Frau arbeitete, zahlten sie gern ein wenig mehr, als sie verlangte.

Inzwischen hatte sich der Tag des Abschieds zum ersten Mal gejährt, und die Spinnerin hatte noch keinerlei Nachricht von ihrem Mann. Die Sorge um ihn ließ die Frau vor der Zeit altern. Ihr einstmals dunkles Haar war früh grau geworden, ihr Rükken krumm vom stundenlangen Sitzen. An den Händen, durch die unablässig und bei jedem Wetter der Spinnfaden lief, begannen sich Gichtknoten zu bilden. Doch ungeachtet der Witterung saß die Frau tagaus, tagein von morgens bis abends spinnend unter dem Kreuz, und da sie zum Leben gerade nur das Notwendigste brauchte, machte sich ihr Fleiß langsam bezahlt. Das Leinensäckchen, in dem die Spinnerin ihre Münzen hortete, rundete sich.

Als sie dachte, sie hätte nun genug gespart, suchte sie in der Wienerstadt einen Baumeister auf. Dort wollte man sie aber zunächst nicht vorlassen. Der Baumeister sei vielbeschäftigt, sagte man ihr, und hieß sie warten.

Das Warten machte der Spinnerin wenig aus, daran hatte sie sich gewöhnt. Als sie hartnäckig blieb und sich nicht abweisen ließ, durfte sie schließlich beim Baumeister vorsprechen.

„Eine steinerne Säule wollt Ihr errichten lassen?“ staunte er, als er vom Wunsch der Frau erfuhr. „Wißt Ihr, was das kostet?“

Die Frau leerte ihr Leinensäckchen vor dem Baumeister auf den Tisch. Zahlreiche Kupfermünzen rollten heraus, nur vereinzelt blinkte Silber dazwischen.

„Das langt nicht, gute Frau“, erklärte der Meister. „Bei weitem nicht.“

„Was noch fehlt, werde ich Euch übers Jahr bezahlen. Ich

habe gelobt, eine steinerne Säule errichten zu lassen, und so will ich es halten."

Aufmerksam betrachtete der Baumeister die Frau. Sie mußte früher sehr schön gewesen sein. Welcher Kummer hatte sie altern lassen? Was mochte der Grund für ihr Gelübde sein?

„Seid Ihr etwa die Spinnerin am Kreuz?" forschte der Baumeister. Es war ihm in letzter Zeit einiges über diese Frau zu Ohren gekommen.

„So werde ich von den Leuten genannt."

„Man erzählt sich, daß Ihr tagaus, tagein bei jedem Wetter auf dem Wienerberg hockt und das Spinnrad dreht."

„So ist es."

„Gut, ich will Euch Kredit geben und die Säule errichten."

Die Spinnerin bedankte sich und ging. Sie ließ einen nachdenklichen Mann zurück.

Nun drehte sich das Spinnrad am Wienerberg noch schneller

als bisher. Und als die Steinmetzen die Kreuzblume auf die Spitze des zierlichen Turmes setzten, konnte die Frau vor den Baumeister hintreten und ihre Schulden bis zur letzten Münze begleichen.

Inzwischen war ein zweites Jahr ins Land gezogen und ein drittes: drei Jahre voll Sorge und Sehnsucht, drei Jahre voll Hoffnung und Zuversicht. Der Mann war noch immer nicht zurückgekehrt. Zwar waren in letzter Zeit ab und zu kleine Gruppen von heimkehrenden Kreuzfahrern vorbeigekommen, aber der Ersehnte war nicht darunter gewesen. Beim Anblick der ausgemergelten Gestalten, die von Krankheiten und Entbehrungen gezeichnet waren, krampfte sich der Frau das Herz zusammen. Das also war aus den stolzen Kreuzfahrern geworden, die so siegesgewiß in den heiligen Krieg gezogen waren! Konnte es überhaupt einen gottgefälligen Krieg geben? Diese armen Irregeleiteten!

Aber wenn die Heimkehrer auch verwundet waren, abgemagert und oft vom Aussatz befallen – sie waren zurückgekommen. Ihre Frauen und Bräute konnten sie gesund pflegen. Nur sie, die Spinnerin, blieb allein. Niemand konnte ihr Auskunft geben über ihren Mann, niemand wußte, wo er hingekommen war, niemand hatte ihn sterben gesehen. Er war und blieb verschollen.

Oft, wenn der Tag ausklang, wollte sich stille Verzweiflung in das Herz der Frau schleichen, aber ein Blick auf die steinerne Säule gab ihr stets wieder so viel Kraft, daß sie mit Zuversicht den kommenden Morgen erwartete.

Die Spinnerin war inzwischen selbst zu einer Art Denkmal geworden. Die Leute erzählten sich die seltsamsten Geschichten über sie. Die einen dachten, sie sei eine steinreiche Goldspinnerin gewesen, die einen Mord an einer jungen Frau begangen habe, um sich an deren Mann heranmachen zu können. Nun tue sie Buße für ihre Schuld. Andere behaupteten, die Spinnerin sei eine Burggräfin, Adelheid mit Namen, die ihr Herz an einen fahrenden Sänger verloren habe. Und viele verspotteten sie einfach und sagten hinter ihrem krummen Rücken: „Die spinnt nicht nur Flachs; die spinnt auch in ihrem Hirn! Eine Närrin ist sie und läßt sich einen Turm bauen – einen steinernen Narrenturm!“ Nur wenige kannten – wie es so zugeht – die wahre Geschichte.

Aber für alle war sie „die Spinnerin am Kreuz“ – ein lebendes Wahrzeichen vor den Toren Wiens, selbst zur Sage geworden. An Sommertagen liefen die Kinder barfuß zur Spinnerin am Kreuz, die Verliebten gaben sich dort ihr Stelldichein, die Fuhrwerker ließen ihre Gäule dort verschnaufen, und die müden Wanderer rasteten am Fuß der Denksäule.

Eines Tages näherte sich wieder eine kleine Schar von Heimkehrern aus dem Heiligen Land. Da erfaßte eine merkwürdige Unruhe die Frau am Spinnrad. Vergeblich bemühte sie sich, ihr wild klopfendes Herz zu besänftigen. Oft schon war es betrogen worden, zu oft. Doch diesmal wollte es sich nicht beruhigen lassen. Hochaufgerichtet stand die Frau auf der obersten Stufe des Denkmals und blickte forschend in jedes bärtige Antlitz – vergeblich. In keinem der müden Helden konnte sie ihren Mann wiedererkennen. Enttäuscht wollte sie sich abwenden, da wankte einer auf die steinerne Denksäule zu und ließ sich auf der untersten Stufe nieder.

Prüfend betrachtete die Spinnerin den erschöpften Wanderer, betrachtete ihn noch genauer als all die anderen, die sich im Laufe der Jahre zu ihren Füßen niedergelassen hatten. Und plötzlich ging es wie ein Leuchten über ihr Gesicht. Sie ergriff die Rechte des Mannes, der nicht wußte, wie ihm geschah, und betrachtete aufmerksam den Ring an seinem mittleren Finger.

„So bist du doch gekommen“, murmelte sie. Ihre sonst so feste Stimme zitterte und versagte fast. „Ich wußte es. Ich hoffte es.

Mit meinem ganzen Herzen hoffte ich es all die Jahre und betete, daß du kommen würdest. Und nun bist du wirklich da!"

Verständnislos starrte der Mann die Frau an. Auf einmal durchlief es auch ihn wie ein Zittern. „Ihr ...", stammelte er und Tränen schossen in seine trüben Augen. „Ihr seid ... Du bist es? Nein, das kann nicht sein! Ich kann es nicht glauben!"

Gerührt sanken die Eheleute einander in die Arme.

Das Abenteuer, von dem der junge Mann als strahlender Held heimzukehren gehofft hatte, war gescheitert. Es war alles ganz anders gekommen, als er es sich erträumt hatte. Schon beim ersten Gefecht war der Wiener in die Hände der Feinde gefallen. Nach langer Gefangenschaft wurde er als Sklave verkauft. Schließlich war ihm die Flucht gelungen. Unter ständiger Lebensgefahr hatte er sich zu Fuß bis in die Heimat durchgeschlagen.

Verwundert starrten die Leute auf die beiden Menschen, die eng umschlungen am Fuß der steinernen Säule saßen und keinen Blick für die Gaffer übrig hatten.

Von nun an ließ sich die Spinnerin am Kreuz nicht mehr bei ihrem Denkmal sehen. Ihr jahrelanges Warten war belohnt worden, und jetzt, dachten die Wiener, hätten Frau und Mann einander ohnehin genug zu sagen und zu erzählen.

Die Steinsäule aber, eines der schönsten Wahrzeichen Wiens, ist auch heute noch für so manchen Bewohner der Stadt mehr als ein mittelalterliches Baudenkmal, nämlich ein Zeichen der Hoffnung.

Als die Kreuzritter ins Heilige Land zogen

Sagen verdanken ihre Entstehung vor allem dem Bedürfnis der Menschen, Namen, Bauwerke oder Denkmale zu erklären. Oft haben diese Erklärungen einen wahren Kern, der jedoch durch die phantasievollen Ausschmückungen der Erzähler verdeckt wird. So dürfte es sich bei der Sage von der „Spinnerin am Kreuz“ verhalten.

Man nimmt heute an, daß sich der Name „Spinnerin am Kreuz“ von „Crispinus-Kreuz“ herleitet. Der heilige Krispin war der Schutzpatron der Schuster und Schuhmacher, angeblich auch der Grenzzeichen. Es gibt Beweise dafür, daß sich dort, wo heute die Steinsäule steht, also auf der höchsten Stelle des Wienerberges, vor 700 Jahren ein Holzkreuz befand. Und man nimmt an, daß es die Wiener Schuster zu Ehren ihres Berufsheiligen errichten ließen. Es ist gut möglich, daß bis hierher die in den Krieg ins Heilige Land ziehenden Kreuzritter begleitet und an diesem markanten Punkt verabschiedet wurden. Herzog Leupold oder Leopold nahm an den Kreuzzügen 1182 und 1190 bis 1192 teil. Daß sich auf der Höhe des Wienerberges tatsächlich eine Spinnerin aufhielt, ist fragwürdig. Auf keinen Fall kann die Frau eines Kreuzritters den Auftrag zum Bau der schlanken Steinsäule gegeben haben. Auf der Rückseite des Denkmals befindet sich nämlich die Jahreszahl 1452, und entworfen hat dieses Wiener Wahrzeichen der bekannte Baumeister Hans Puchsbaum. Der letzte Kreuzzug fand aber bereits rund 150 Jahre vor der Zeit Puchsbaums statt.

An Hans Puchsbaum, von dem man sich auch eine Sage erzählt (vgl. „Hans Puchsbaum“), erinnern im zehnten Bezirk, Favoriten, die Puchsbaumgasse und der Puchsbaumplatz.

Der Teufel an der Wand oder Das Haus zum roten Mandl

In früheren Zeiten stand hinter dem Schottenstift, wo Freyung und Tiefer Graben zusammentreffen, ein Gasthaus. Dort lebte ein Wirt mit seinem Neffen, der bei ihm als Schankbursch arbeitete, und mit seiner alten, fast tauben Mutter. In der Schenke ging es oft hoch her. Künstler und Schauspieler gaben sich hier gern ein Stelldichein, und lustige Studenten machten mit ihren ausgelassenen Späßen und Gesängen nicht selten die Nacht zum Tag. Aber auch so mancher wohlgeachtete Wiener Bürger fand sich ein, zumal man wußte, daß es der Wirt mit der Sperrstunde nicht allzu genau nahm.

Seit sich der Kupferstecher Augustin Hirschvogel aus Nürnberg in Wien niedergelassen hatte, zählte auch er zu den Stammgästen dieses Wirtshauses. Der Nürnberger Künstler war weit herumgekommen. Wenn er seine Erlebnisse in fremden Ländern mit fremden Leuten zum besten gab, fand er stets willige Zuhörer. Denen vergingen die Stunden wie im Flug, und da man auch dem Wein kräftig zusprach, hatte der Wirt keinen Grund, sich über schlechten Geschäftsgang zu beklagen.

Eines Abends, als die Gäste wieder dem Kupferstecher lauschten, der nicht nur ein großer Künstler, sondern auch ein begabter Erzähler war, flog die Tür auf, und ein Fremder betrat die Schenke. Er zog sogleich alle Aufmerksamkeit auf sich. Der hochgewachsene Mann mit dem Knebelbart war seltsam gekleidet. Er trug einen breitrandigen Hut und einen weiten Samtumhang von rabenschwarzer Farbe. Das Auffallendste an ihm aber waren seine dunklen Augen. Die stechenden Blicke des Neuankömmlings gingen den Anwesenden durch Mark und Bein; ja, es war den Gästen, als ob der Fremdling bis auf den Grund ihrer Seelen schauen würde. Schon wollte der Wirt den unheimlichen Mann nach seinem Wunsch fragen, da rief Meister Hirschvogel: „Willkommen in Wien, Doktor Faustus! Was führt Euch zu uns? Nehmt Platz an meinem Tisch!"

Doktor Faustus? Kalt lief es da manchem Gast über den Rücken. Doktor Faustus, der berühmte Magier? Der Schwarzkünstler? Der Hexenmeister war in Wien?

Die Leute rückten zusammen, ein wenig beklommen zwar, aber doch bereitwillig.

„Ich danke Euch", antwortete der Fremde. „Zuerst aber laßt mich anstoßen auf Euer Wohl und das der schönen Stadt Wien!" Er setzte einen Krug an den Mund und leerte ihn mit einem einzigen Zug.

Die Gäste waren sprachlos. Selbst dem Wirt blieb das Maul offenstehen. Einen so tüchtigen Trinker gab es in ganz Wien nicht, und Wien war wahrlich nicht arm an tüchtigen Trinkern! Beifall brandete auf. Anerkennend trommelten die Studenten mit ihren Fäusten auf die schweren Eichentische. Doktor Faust aber rief belustigt: „Was für winzige Krüge Ihr habt, Herr Wirt! Noch einen Schluck, oder ich verdurste!"

Der Schankbursch beeilte sich, einen neuen Humpen herbeizuschaffen. Aber in der Aufregung, einen so berühmten Gast zu bedienen, verschüttete er einige Tropfen Wein.

Warnend hob Faust den Zeigefinger: „Wie kann man mit diesem köstlichen Getränk so schändlich umgehen! Wenn dir noch einmal der Wein über den Rand des Kruges läuft, dann fresse ich dich – mit Haut und Haar!"

Dem Burschen verschlug es die Rede, die Gäste aber lachten. Da sprach der Neffe des Wirts verärgert zu sich: „Der Herr Zauberer macht große Worte. Möchte wissen, wie der einen ausgewachsenen Menschen verschlingen kann! Mag er Angst einjagen, wem er will, mir nicht! Ist doch alles ausgemachter Schwindel."

Es dauerte nicht lang, da rief man am Tisch des Doktor Faustus wieder nach einem frischen Krug. Der Schankbursch wollte es nun wirklich wissen. Absichtlich stellte er den Humpen mit einer heftigen Bewegung auf den Tisch, daß der Wein überschwappte.

Das lebhafte Gespräch brach ab. Erwartungsvoll blickte alles auf Doktor Faust, gespannt, was nun kommen werde.

„Habe ich nicht gesagt, daß ich dich fresse, wenn du noch einmal so ungeschickt bist?" fragte der Schwarzkünstler drohend in die Stille.

„So tut es doch, wenn Ihr könnt!" rief der Bursche keck. Langsam erhob sich der Magier und trat auf den Schankknecht zu. Dann öffnete Faust den Mund – und der Bursch war verschwunden.

Den Umsitzenden wurde unbehaglich zumute. Sie wischten sich über die Augen, kniffen sich in die Arme. War es wahr, was sie da mitangesehen hatten? Oder waren sie einer Täuschung erlegen, einem Trugbild?

Der Hexenmeister aber brach in heftiges Gelächter aus, als er in die fassungslose Runde blickte. „Nun gebt mir zu trinken, Herr Wirt! Ein so trockener Bissen muß angefeuchtet werden", rief Faust. „Sonst bleibt mir der üble Kerl im Magen liegen!"

Der Wirt bebte wie Espenlaub. Wirr standen ihm die Haare zu Berge. Er war nicht imstande, dem Wunsch des unheimlichen Gastes nachzukommen. Da ergriff Faust einen Eimer voll Wasser, setzte ihn an den Mund und leerte ihn so rasch, als wäre es nur ein Fingerhut voll. Seelenruhig nahm er daraufhin wieder Platz an seinem Tisch.

Der Wirt hatte endlich seine Sprache wiedergefunden. Händeringend bat er den Magier: „Schafft doch meinen Burschen wieder her! Er ist mein Neffe und soll bei mir das Gastgewerbe

lernen. Wie kann ich meinem Bruder je wieder unter die Augen treten, wenn er seinen Sohn von mir verlangt! Schafft ihn wieder her, Doktor! Es soll Euer Schaden nicht sein."

„Schau hinaus auf die Stiege", antwortete der Hexenmeister mit einem seltsamen Lächeln und wandte sich ab, als wäre nichts geschehen.

Mit zitternden Händen öffnete der Wirt die Schanktür. Da saß der Gesuchte, bis auf die Haut durchnäßt und zähneklappernd vor Kälte. Wütend schrie er: „Mit Euch möchte ich nichts mehr zu tun haben, Faustus! Ihr seid mit dem Teufel im Bunde!"

„Schwatz nicht über Dinge, von denen du nichts verstehst!" fuhr Faust den Schankburschen an. „Du willst Gastwirt werden? Dann lerne beizeiten, wie man richtig einschenkt und nichts verschüttet. Das soll dir eine Lehre gewesen sein."

Die meisten Gäste lachten herzlich über den gelungenen

Spaß und weideten sich am Anblick des triefnassen Burschen. Einigen ängstlichen Gemütern aber war nicht ganz wohl bei der Geschichte. Dieser Doktor Faustus schien wirklich mit dem Bösen verbündet zu sein! Am liebsten wären sie aufgebrochen und nach Hause gegangen, doch sie wollten sich nicht feige nennen lassen; und so blieben sie hocken.

Augustin Hirschvogel, der Kupferstecher aus Nürnberg, gehörte nicht zu den Schreckhaften. Ein ums andere Mal stieß er mit dem Hexenmeister an, daß die Zinnkrüge nur so klirrten. „Das habt Ihr großartig gemacht, Doktor!“ rief Hirschvogel. „Wie wär's mit einem neuen Lehrstück?“

Lachend wehrte Faust ab. „Ich habe meinen Teil zur Unterhaltung beigetragen. Jetzt seid Ihr an der Reihe, Meister Augustin!“

„So soll es sein!“ schrie der Kupferstecher, sprang auf und hob seinen Becher. „Auf den Teufel! Ihr werdet ihn gleich sehen . . .“

Der Künstler ging zum Kachelofen und griff nach einem Stück halbverkohltem Holz. Im Schein der flackernden Kerzen begann er, den Teufel an die Wand zu malen. Als Hirschvogel mit treffsicheren Strichen eine boshaft grinsende Fratze zeichnete, brüllten die wilden Zecher vor Lachen. Doch der Kupferstecher war mit seiner Kunst noch nicht am Ende. Im Nu hatte der Teufel an der Mauer auch einen Körper, Arme, Beine und ein keckes Federhütchen am Kopf. Ein Mantel, wie vom Wind gebauscht, umflatterte die schaurige Gestalt.

„Den habt Ihr gut getroffen“, riefen die Kumpane, als wären sie dem Leibhaftigen schon Aug in Aug gegenübergestanden. „Bravo, Meister Hirschvogel!“

„Nicht schlecht, lieber Augustin“, lobte auch Doktor Faust. „Aber was ist schon ein Teufel an der Wand? Ich will ihn zum Leben erwecken!“

Der Hexenmeister blies die Kerzen aus. Das einzige Licht, das

den Raum noch schwach erhellte, war das flackernde Feuer im Kachelofen.

Auf einmal begann sich die Teufelsgestalt zu bewegen. Rot leuchtete das Wams auf, grün das Mäntelchen. Die krallengleichen Finger schlossen sich zur Faust, die Fratze verzog sich zu einem scheußlichen Grinsen, die Füße in den roten Schnabelschuhen traten aus der Wand, und plötzlich sprang der Leibhaftige mit grausigem Gelächter mitten unter die Gäste.

Wie ein Aufschrei ging es da durch die Schenke. Krüge und Becher wurden umgestoßen, Bänke und Stühle fielen krachend um, ein schwerer Eichentisch ging polternd zu Boden. Nun gab es kein Halten mehr. Hastig drängte alles zum Ausgang, flüchtete sich ins Freie und rannte wie gehetzt davon – in den Ohren noch immer das höhnische Lachen des Bösen.

Von dem fürchterlichen Lärm erwachte sogar die alte Groß-

mutter, die neben dem Kachelofen geschlafen hatte. Aufgeregt schrie ihr der Wirt ins Ohr, was vorgefallen war. Da lachte die Alte, daß ihr einziger Zahn wackelte, und murmelte: „Jaja, man soll den Teufel nicht an die Wand malen! Recht geschieht ihnen, den Studiosi, diesen fürwitzigen Gesellen!" Damit schlief sie wieder ein.

Der Vorfall sprach sich rasch in der Stadt herum. Eine Menge Neugieriger kam und wollte die Geschichte an Ort und Stelle vom Wirt erzählt bekommen – oder vom Schankburschen. Neffe und Oheim ließen sich nie zweimal bitten und schilderten bereitwillig die haarsträubende Begebenheit, sooft man sie von ihnen hören wollte. Übrigens jedesmal ein wenig anders, aber was tut das schon zur Sache.

Die vielen neuen Gäste belebten das Geschäft nun auch tagsüber. So gesehen hatte der Teufel an der Wand dem Wirt eigentlich Glück gebracht. Und ehe sich's der Böse versah, mußte er auch schon für die Werbung herhalten: Der Wirt nannte sein Gasthaus fortan „Zum roten Mandl", und Hirschvogel pinselte ihm aus Freundschaft eine rote Teufelsgestalt auf das Schild. Die wurde aber nicht zum Leben erweckt, denn Doktor Faustus, der Schwarzkünstler, war inzwischen bei Nacht und Nebel aus Wien abgereist und in eine andere Stadt weitergezogen.

Als der Schwarzkünstler Faust seine Späße trieb

Tatsächlich hat es den Schwarzkünstler Faust, der in vielen Sagen als Johann Faust eine Rolle spielt, gegeben. Wahrscheinlich war es Georg Faust aus Württemberg. Überall erregte er mit seinen magischen Kunststücken und seinen Horoskopen großes Aufsehen – und überall stieß er auf Ablehnung. Schon zu Lebzeiten sagte man ihm nach, daß er ein Betrüger oder mit dem Teufel im Bunde sei, schon zu Lebzeiten wurde er zum geheimnisvollen Mittelpunkt mehrerer Sagen.

Tatsächlich war Faust auch Zeitgenosse des aus Nürnberg stammenden Kartographen Augustin Hirschvogel, eines vielseitigen Künstlers. Hirschvogel war Radierer, Glasmaler, Medaillenschneider und begabter Kartograph.

Tatsächlich könnten Hirschvogel und Faust einander kennengelernt haben und zwar 1532. In diesem Jahr hielt sich Faust in Nürnberg auf, ehe der unheimliche Geselle, wie aus vielen anderen deutschen Städten, ausgewiesen wurde. In die Schenke auf der Freyung kann Faust allerdings nicht auf Besuch gekommen sein, denn in Wien hielt er sich, soweit man das überprüfen kann, nie auf. Und wenn er je nach Wien gekommen wäre, hätte er Hirschvogel dort bestimmt nicht angetroffen. Der Kupferstecher ließ sich nämlich erst 1544 in Wien nieder; zu dieser Zeit war Faust mindestens schon fünf Jahre tot. Er starb irgendwann zwischen 1536 und 1539 in Staufen im Breisgau.

Vielleicht ist die Sage vom Teufel an der Wand an einem Wirtshaustisch entstanden, in der Phantasie der Zecher, die der Wein angeregt hat.

Auf der Freyung, im ersten Bezirk, Innere Stadt, tummelten sich lange Zeit Marktschreier und Gaukler, auch Theater wurde auf diesem Platz gespielt. Vielleicht gab man auch Schwänke zum besten, in denen Faust eine Rolle spielt.

Der Name „Freyung“ kommt daher, weil man im Schottenstift auf der Freyung jahrhundertelang Asylrecht hatte, das heißt, man durfte dort nicht gerichtlich verfolgt werden, es wurde „Befreiung“ gewährt.

Die Teufelsmühle am Wienerberg

In früherer Zeit lag außerhalb der Wiener Ringmauern viel unbebautes Land. Schlechte Straßen führten durch Wiesen und Wälder. Die Straßen lagen einsam; nur hie und da polterte ein Wagen daher, und der Fuhrmann fluchte über die Gruben und Löcher, in denen sein Fuhrwerk oft steckenblieb. Manchmal ritt ein Bote von Wien nach der Neustadt. Sonst sah man kaum jemanden auf den Straßen, Spaziergänger waren unbekannt.

Auf der einsamen Straße über den Wienerberg stand vor Zeiten eine Mühle. Sie gehörte ehrlichen guten Leuten. Doch als sie starben, kaufte ein Raubritter namens Kilian von Drachenfels die Mühle am Wienerberg. Ab und zu ließ er das Mühlrad laufen, damit die Leute glauben sollten, ein richtiger Müller ginge hier seinem Handwerk nach. Kilian aber machte ein Gasthaus und eine Herberge in der Mühle auf; darin konnten die Fuhrleute und Boten übernachten, und der saubere Müller konnte sie während der Nacht ausrauben und ermorden.

Wie das Leben so spielt, hatte der schändliche Ritter eine herzensgute Frau. Oft bat sie ihn, von seinem Räuberleben abzulassen. Er werde für seine Untaten noch bitter büßen müssen, hielt sie ihm vor. Aber der Ritter lachte nur roh, wenn er sein Weib so reden hörte, und drohte ihr selbst mit dem Umbringen.

Doch die mutige Frau ließ sich nicht einschüchtern. Immer wieder machte sie ihrem Mann Vorwürfe, was für ein gottloses Leben er führe. Da packte Kilian der Zorn. Er schleppte seine Frau zum Mühlbrunnen und stieß sie hinunter.

In diesem Augenblick erzitterte die Erde. Ein riesiges Loch

tat sich auf, und der Ritter und seine Spießgesellen fuhren mit einem vielstimmigen Schreckensschrei in die gähnende Tiefe.

Von nun an stand die Mühle leer. Wind und Wetter nagten an dem Gemäuer. Mit der Zeit stürzte das Dach ein. Es regnete in die Zimmer, die Fußböden verfaulten, Disteln und Dornengestrüpp wucherten in der Mühle. Doch kein Vogel fand sich, der sein Nest unter den Dachbalken baute.

Als einmal ein Fuhrmann bei Nacht vorüberkam, hörte er das Mühlrad rumpeln. Klagende Stimmen drangen an sein Ohr. Doch als er die verfallene Mühle betrat, war alles still und kein Mensch zu sehen. Da wurde dem Fuhrmann angst und bang, er beeilte sich, die Wienerstadt zu erreichen, und erzählte am

Wirtshaustisch den sonderbaren Vorfall. Von da an glaubte man, der Teufel bewohne die Mühle, und bald erzählte man sich die schauerlichsten Spukgeschichten. Jede Nacht um zwölf müßten der Ritter und seine Raub- und Mordknechte in der Mühle arbeiten, schwere Säcke schleppen, Getreide in den Mahlkasten schütten, das Mehl herausnehmen und forttragen. Das alles würden sie unter Stöhnen, Jammern und Wehklagen tun, denn hinter ihnen stünde der Teufel mit der Peitsche und würde sie zur rascheren Arbeit antreiben. Kilian und seine Gesellen könnten so lang keine Ruhe finden, bis seine Frau aus dem Brunnen befreit und in der Erde begraben sei. Wer es aber zuwege bringe, die Frau zu erlösen, dem sei ein Schatz sicher.

Die Jahre vergingen. Da kam einmal ein junger Ritter nachts mit seinem Knappen an der Teufelsmühle vorbei. Ein furchtbares Gewitter ging eben über dem Wienerberg nieder. Hagelschloßen, groß wie Taubeneier, prasselten zu Boden, grelle Blitze zuckten über das Firmament, und ohrenbetäubende Donnerschläge erdröhnten, daß die beiden dachten, der Himmel würde bersten. Die alte Mühle war der einzige Ort, wo sie notdürftig Schutz fanden. Zwar rann der Regen durch das löchrige Dach, aber schließlich entdeckten sie einen trockenen Winkel. Sie legten sich auf den Boden und wollten so das Ende des Gewitters abwarten.

An Schlaf war nicht zu denken. Nachdem sie so schon eine Weile verbracht hatten, sagte der junge Ritter zu seinem Knappen: „Das ist mir ein unheimlicher Ort! Nimm dein Schwert heraus und halte es bereit! Wenn wir überfallen werden, dann heißt es dreinschlagen!“

In diesem Augenblick fing eine Uhr zu rasseln an, und es ertönten zwölf Schläge. Kaum war der letzte Schlag verklungen, wurde es in der Mühle lebendig. Mühlrad und Mühlstein drehten sich plötzlich, die Tür flog auf, und Ritter Kilian und seine Knechte rannten mit schweren Säcken keuchend durch die Mühlstube. Da sprang der junge Ritter mutig auf, stellte sich den Gesellen mit gezücktem Schwert in den Weg und rief: „Haltet ein! Wie kann ich euch erlösen?“

Da war es auf einmal ganz still, und eine Frauenstimme antwortete aus weiter Ferne: „Herr Ritter, hört Ihr mich? Mein Mann hat mich in den Brunnen geworfen. Holt mich herauf und begrabt mich in der Erde, so bin ich erlöst, und auch mein Mann wird Ruhe finden im Grab.“

Da rasselte wieder die Uhr und schlug die erste Stunde. Ritter Kilian und seine Knechte waren verschwunden, das Mühlrad stand still, und das Gewitter hatte sich verzogen. Der junge Ritter faßte sein Schwert fester und sprach zu seinem Knappen: „Hast du auch gehört, was die Frau gesagt hat? Es ist Ritterpflicht, die Frauen zu beschützen, die Gefangenen zu befreien und die Unseligen zu erlösen. Morgen früh gehen wir ans Werk!“

Sie legten sich wieder in ihren Winkel und schliefen ungestört bis zum Morgen. Dann suchten sie den Brunnen, ließen Leitern hinab und stiegen hinunter. Wirklich fanden sie die Leiche der Frau und begruben sie in der Erde. Kaum war das Grab zugeschüttet, erklang eine freudige Stimme aus den Lüften: „Hab Dank, guter Ritter! Du hast mich und meinen Mann für immer erlöst. Kehre heim! Auf dem Tisch wirst du einen Schatz finden, das ist der Lohn für deine edle Tat!“

Der Ritter und sein Knappe ritten nach Hause. Tatsächlich fanden sie auf dem Tisch einen Sack mit Gold.

Von diesem Tag an hörte auch der Teufelsspuk in der Mühle auf. Das verfallene Haus war verschwunden, Blumen blühten, und Vögel bauten in den Bäumen und Sträuchern ihre Nester. An die Stelle, wo sich die Teufelsmühle befunden hatte, wurde ein großes Einkehrgasthaus gebaut, und die Leute nannten es „Gasthaus zur Teufelsmühle“.

Als Reisende unter die Räuber fielen

An der Triester Straße im zehnten Bezirk, Favoriten, gegenüber der Haltestelle Vösendorf – Siebenhirten der Badner Bahn, gab es eine Mühle, die zugleich eine Gastwirtschaft war.

Es gab aber keinen Kilian von Drachenfels und auch kein Rittergeschlecht dieses Namens, wie uns die Erklärungssage gerne weismachen möchte. Vielleicht kommt man der Wahrheit ein wenig näher, wenn man den Namen „Teufelsmühle" mit dem „Waldteufel" in Zusammenhang bringt, einem gefürchteten Straßenräuber, der sich in dieser Gegend aufhielt und angeblich gemeinsame Sache mit einem Müller machte, der auch eine Herberge betrieb.

Die Müller hatten im Mittelalter keinen guten Ruf; ihr Gewerbe galt als unehrlich. Die Bauern argwöhnten, der Müller stelle die Waage mit Vorliebe in den finsteren Winkeln seiner Mühle auf und obendrein ein wenig schief, verwende ungenaue Gewichte oder stelle beim Abwägen den Fuß auf die Waagenbrücke. Vom unehrlichen Müller ist es aber in der Sage nicht weit bis zum Strauchdieb und mordenden Raubritter.

Tatsächlich waren in früheren Zeiten die Sicherheitsverhältnisse auf den Straßen – etwa im 16. Jahrhundert – sehr schlecht. Fahnenflüchtige Landsknechte machten auf dem Weg in ihre Heimatländer die Straßen unsicher. In Niederösterreich rotteten sie sich in Scharen zusammen und belästigten die Bevölkerung durch allerlei Untaten. Reisende Kaufleute waren am meisten gefährdet. Oft wurden sie auf einsamen Straßenstücken überfallen und ausgeplündert, und man wußte manchmal nicht mehr, wie man sich der Mordgesellen erwehren sollte. Im Jahre 1548 beunruhigten Mordbrenner das Land so sehr, daß man auf ihre Ergreifung eine Belohnung aussetzen mußte. Wer einen Brandstifter, Straßenräuber oder Mörder der Verhaftung zuführte, sollte 50 Taler, für den Auftraggeber dieser Leute sogar 100 Taler bekommen. Zehn Jahre später wurde eine Truppe von vierzig Mann angeworben, um den Wienerwald von räuberischem Gesindel zu säubern.

Um die Sicherheit auf den Straßen zu erhöhen, erging der Befehl an die Grundbesitzer, die Wege und Straßen zu verbreitern, Gehölz und Sträucher auf beiden Seiten acht Klafter weit wegzuschlagen, damit Räuber sich nicht im Gestrüpp verstecken und den Wanderer unversehens überfallen konnten. Im März 1582 begannen wieder die Klagen über Untaten verdächtigen Gesindels, das nicht nur Reisende überfiel und in Gehöfte einbrach, sondern sich zu großen Räuberbanden zusammenschloß. Als Aufenthaltsorte einer Bande, die sich „Mausköpfe" nannte und aus 33 Räubern bestand, wurden die Umgebung von Wien, Sommerein und Korneuburg genannt. Obwohl

Wirte und Herbergen überwacht wurden, wurde es immer gefährlicher für die Reisenden. In den Jahren 1591 und 1592 waren die Leute selbst in der Stadt Wien nicht mehr sicher. Deswegen entschloß man sich zur Einführung eines Meldezettels, den alle Ortsfremden sogleich nach ihrer Ankunft beim Bürgermeister, Orts- oder Stadtrichter abzugeben hatten.

Der Teufel auf dem Bisamberg

Der Poldl war ein armer Knecht, und er liebte die Resi, das Kind des Steinbauern vom Kahlenbergerdörfl. Auch die Resi sah den Poldl gern, aber an Heirat durften die beiden nicht denken. Der Steinbauernhof war hoch verschuldet. Selbst wenn der Poldl von früh bis spät gerackert hätte – mit seiner Hände Arbeit wäre es ihm bis an sein Lebensende nicht gelungen, den Schuldenberg abzutragen.

Nein, der Steinbauer hatte schon eine andere Wahl getroffen. Der Bub des reichen Müllers aus Stockerau sollte sein Schwiegersohn werden, nicht der Knecht, dieser arme Schlucker.

Da wanderte der Poldl einmal den Bisamberg hinauf. Das Herz war ihm schwer und sein Kopf voll dunkler Gedanken. Wie ungerecht es doch auf der Welt zuging!

Weit unten floß die Donau träge vorüber. Ob er ins Wasser gehen sollte, um seinem Leben ein Ende zu machen? Was hatte es noch für einen Sinn, wenn er die Resi nicht zur Frau kriegen konnte?

Als er nun auf dem Gipfel stand, gerade an einer Wegkreuzung, da trat ein Mann auf ihn zu, der wie ein Jäger gekleidet war. Er trug ein grünes Wams, und auf seinem Hut wippte keck eine rote Hahnenfeder.

„Du hast Kummer", sagte der Fremde freundlich. „Ich kann dir helfen! Aber nur, wenn du mir deine Seele verschreibst . . ."

Dem Poldl graute es, aber er dachte an die Resi und wie gern er sie hatte, und das gab ihm Mut. Zur Sicherheit schlug er ein Kreuzzeichen.

„Hör auf mit solchen Geschichten!" fauchte der Fremde. Von

seiner Freundlichkeit war nichts mehr zu spüren. „Brauchst du Hilfe oder nicht? Was fehlt dir?“

„Ich möchte die Resi heiraten“, seufzte der Poldl. „Was uns fehlt, ist das Geld.“

„Da kann dir leicht geholfen werden. Unterschreibe hier diesen Bogen; du weißt schon: ein Tröpfchen Blut genügt statt der Tinte, und du bist ein gemachter Mann.“

Der Poldl war arm, aber er war nicht dumm. Er sagte nicht gleich ja, er sagte nicht nein, sondern versuchte, Zeit zu gewinnen.

„Gnädigster Herr Satan“, stotterte er. „Das ist alles recht gut und schön. Aber erst müßt ich wissen, ob das Seelenverschreiben was nutzt! Vorher geb ich meine Unterschrift nicht her!“

Der Teufel dachte, daß ihm diese Seele ohnehin nicht entgehen könne, und willigte ein. „Also, meinetwegen. Ich geb’ dir eine Frist, aber lang darf’s nicht dauern!“

„No, so bitt’ ich halt den Herrn Satan, daß wir uns wieder hier treffen, an dieser Wegkreuzung, unter dieser Eiche, bis sie keine Blätter mehr hat. Ihr laßt mich derweil einen Schatz finden oder einen Haupttreffer machen, daß die Leute halt sehen, daß ich auf rechtschaffene Weise zu Geld gekommen bin. Das übrige verlange ich erst, wenn ich unterschrieben habe. Also ich komme, bis die Eiche hier keine Blätter mehr hat – kein einziges Blatt.“

Der Teufel war einverstanden. „Gut“, sagte er. „Ich gebe dir vorerst das Geldstück. Das legst du, wenn du hinunterkommst, in den Garten unter den Apfelbaum, und morgen fängst du dort zu graben an, just, wenn der Steinbauer vorübergeht. Er soll sehen, wie du den Schatz findest. Du kannst ihm dann seinen verschuldeten Hof abkaufen und dich gut einrichten.“

Damit reichte er dem Poldl ein Geldstück, das diesem wie Feuer in der Hand brannte. Aber nun konnte der Knecht nichts mehr rückgängig machen – der unheimliche Jäger war bereits verschwunden.

Alles geschah, wie vorausgesagt. Der Steinbauer, der den Poldl früher recht grob behandelt hatte, betrachtete ihn auf einmal als lieben, geschätzten Schwiegersohn.

Der Poldl und die Resi heirateten und waren in den ersten Monaten recht glücklich miteinander. Aus dem Frühling wurde der Sommer und aus dem Sommer der Herbst. Als sich die ersten Blätter zu färben begannen, wurde der Poldl immer stiller, lag lange schlaflos und gab auf die besorgten Fragen der Resi keine Antwort. Endlich, in einer Vollmondnacht, gestand er ihr alles.

Aber die Resi erschrak nicht. Sie hatte schon an so etwas Ähnliches gedacht. „Unter einer Eiche wollt ihr euch wieder treffen, sagst du? Das hast du gut gemacht, Poldl! Der Teufel wird lang auf deine Seele warten müssen!"

Die ersten Herbststürme brausten durch das Land und fegten die Blätter von den Zweigen. Der Teufel freute sich hämisch an dem fallenden Laub. Aber als er zur Eiche kam, war er enttäuscht, denn die hatte noch kaum ein Blatt verloren. Doch er tröstete sich rasch. Der eine Baum warf sein Laub eben früher ab, der andere später. „Was der Wind nicht zustande bringt, werden Frost, Schnee und Kälte schaffen", lachte er sich ins Fäustchen.

Der Herbst ging und machte dem Winter Platz. Die Blätter der Eiche waren braun und runzelig geworden, aber sie hielten fest an den Zweigen. Kahl ragten die Äste der anderen Bäume gegen den Himmel, nur die Eiche stand noch immer in vollem Laubschmuck.

Der erste Schnee kam. Die Eiche stöhnte unter der weißen Last, aber ihre Blätter warf sie noch immer nicht ab. Da stieß der Teufel einen so gräßlichen Fluch aus, daß ein Schneesturm, von Blitz und Donner begleitet, über das Land raste.

Der Höllenfürst ließ sich lange nicht mehr blicken. Vor Ärger und Wut fand er sich erst wieder im Frühling ein, um sich ein neues Opfer zu suchen. Als er an der Eiche vorüberkam, reckte sie ihm schon ihre frischen Blätter entgegen. Da merkte er endlich, daß ihn der Poldl überlistet hatte. Er stürzte sich in ohnmächtiger Wut auf den Baum und zerkratzte mit seinen langen Krallen die jungen Triebe. Seither haben die Eichenblätter ihre merkwürdige gebuchtete Form und haben sie bis auf den heutigen Tag.

Als das Kahlenbergerdorf selbständig war

Der Bisamberg an der Nordgrenze von Wien fällt nach Süden steil zur Donau ab. Er ist der letzte Ausläufer der Alpen. An seinen Hängen wird auch heute noch Wein gebaut.

Das Kahlenbergerdorf am Fuße des Leopoldsberges und des Nußberges war eine selbständige Gemeinde und gehört heute zum 19. Bezirk, Döbling. Es war, wie der Ort „Bisamberg“, ein Weinbauernort. Auch heute noch wird Wein ausgeschenkt. In der Kahlenberger Pfarrkirche war der „Pfaff vom Kahlenberg“, von dem viele lustige Schwänke erzählt werden, Pfarrherr.

Auch in dieser Sage tritt der Teufel in menschenähnlicher Gestalt, als Jäger, auf. Diesmal aber wird der Teufel um seinen Lohn, die Seele des Poldl, mit dem er ja einen Bund geschlossen hat, geprellt. Die hier erzählte Sage gehört zum Sagenkreis vom „überlisteten“ oder „geprellten“ Teufel. Dabei geht es um einen Kräftevergleich zwischen Mensch und Teufel, in dem aber immer der Teufel verliert, weil er so dumm ist, sich täuschen zu lassen.

Nicht zufällig spielt in dieser Sage eine Eiche eine Rolle. Sie wurde von den Germanen, aber auch vielen anderen Völkern als „heiliger“ Baum verehrt und gilt auch heute noch vielfach als Sinnbild von Freiheit und Kraft.

Das Wassermännlein in der Wien

Als man die Wien noch nicht in ein Betonbett gezwängt hatte, konnte der Fluß bisweilen recht wild und ungebärdig werden, besonders nach längeren Regenfällen oder zur Zeit der Schneeschmelze. Um ihn zu bändigen, gab es an mehreren Stellen Schleusen. Führte die Wien wenig Wasser, staute man sie auf, indem man die Schleusentore schloß. Bei Hochwasser hingegen wurden die Schleusen weit geöffnet.

Eine dieser Stauanlagen befand sich in der Nähe der Schönbrunner Brücke. Am Ufer stand ein Schleusenhäuschen. Dort wohnte der Schleusenwärter Balthasar Mandl. Wenn seine Enkel auf Besuch waren, mußte er stets ein waches Auge auf sie haben; die Kinder spielten gar zu gern in der Nähe des Wassers.

„Gebt nur acht, daß euch der Wassermann nicht holt!" warnte der Großvater immer wieder. „Er wartet schon auf unfolgsame Knaben und Mädchen, die sich zu weit vom Ufer fortwagen!"

Jakob und Katharina standen barfuß im seichten Wasser und schleuderten Steine in den Fluß. Sie wetteiferten, wer weiter werfen könne.

Der Bub lachte. „Großvater, du willst uns doch nur Angst einjagen! Es gibt ja gar keinen Wassermann!"

Katharina stampfte mit dem Fuß auf, daß die Tropfen bis zu dem alten Mann spritzten. „Freilich gibt es ihn! Der Großvater hat ihn selber mit eigenen Augen gesehen. Er hat es mir schon ein paarmal erzählt."

Sie ließ den Bruder stehen und rannte zum Schleusenwärter, der auf der Bank vor seinem Häuschen saß.

„Ich hab' es nicht gezählt, wie oft er mir schon begegnet ist", schmunzelte der Großvater. „Aber ein Dutzendmal wird es bestimmt gewesen sein. Schließlich lebe ich schon von Kindestagen an hier an der Wien. Meinen besten Freund hat es geholt, das Wassermännlein, damals, als ich so alt war wie der Jakob. Der Hans wollt‘ uns immer beweisen, was er sich alles getraut. Manchmal ist er von hier an das andere Ufer geschwommen. Damit ihm der Wassermann nichts anhaben konnte, hat er sich einen Schwimmgürtel gemacht, an dem zehn luftgefüllte Saublasen hingen. Aber einmal hat es ihn doch erwischt, das Wassermännlein. Es hat ihm unter Wasser die Gürtelschnalle geöffnet, und um den Hans war's geschehen. Mich wollte es auch einmal ins Wasser ziehen, aber ich bin rechtzeitig über die Wagengeleise gesprungen. Du weißt schon, wenn man die Spuren der Wagenräder zwischen sich und das Wassermännchen gebracht hat, dann hat es keine Macht mehr über einen."

„Wie sieht es aus, das Wassermännlein?" fragte Katharina atemlos. Sie konnte sich an den Erzählungen des Großvaters nicht satt hören.

„Es ist nicht größer als ein siebenjähriges Kind", erklärte der Schleusenwärter geduldig, „aber stark wie fünf Männer. Man kann es leicht erkennen: Zur lehmgelben Hose trägt es einen grauen Rock mit blauen Knöpfen. Das Auffallendste am Wassermännlein aber ist sein grünes Haar, durch das es immer wieder mit einem goldenen Kamm fährt. Dabei singt es gern."

Scheu blickte Katharina auf die Wellen der Wien, in denen sich das Sonnenlicht spiegelte. Hatte sie da nicht eben etwas wie einen goldenen Kamm funkeln gesehen? Und dort, knapp unter der Wasseroberfläche, schimmerte langes, grünglänzendes gekräuseltes Haar! Katharina drückte sich eng an den Großvater. Jakob aber lachte über die jüngere Schwester und nannte sie einen Angsthasen.

Im folgenden Frühjahr, die Kinder hatten die Warnungen des Großvaters längst vergessen, waren die Geschwister wieder auf

Besuch beim Schleusenwärter. Großvaters Ziege hatte ein Zicklein bekommen, einen allerliebsten kleinen Ziegenbock. Jakob begann gleich zum Spaß mit ihm zu raufen. Er stemmte seine Fäuste gegen die winzigen Hörner und wollte dem Zicklein beweisen, daß er den härteren Kopf hatte.

Dann führten die Kinder das Kitz zum Ufer. Die saftigsten Gräser wuchsen dicht am Wasser. Niemand trieb seine Kühe oder Schafe dorthin, denn zu leicht hätte eines der Tiere in den Fluß fallen können.

Plötzlich hörte Katharina ein sonderbares Singen. Suchend blickte sie um sich, um den seltsamen Vogel zu entdecken, der diese geheimnisvollen Töne hervorbrachte. Aber der merkwürdige Gesang kam nicht aus den Sträuchern hinter dem Haus, wo Heckenbraunelle, Grasmücke und Zaunkönig nisteten. Nein, er kam vom Fluß her! Dort hockte auf einem Stein am Ufer eine merkwürdige kleine Gestalt: Zur lehmgelben Hose trug sie einen grauen Rock mit blauen Knöpfen. Mit einem goldenen Kamm kämmte das Männlein sein grünschimmerndes Haar.

Das Lied klang so seltsam schön, daß Katharina noch näher ans Wasser trat, obwohl ihr vor Angst das Herz heftig pochte. Da sprang das Wassermännlein plötzlich mit gespreizten Fingern auf, streckte die Arme aus und wollte das Mädchen ergreifen.

Katharina stieß einen Schrei aus. Geistesgegenwärtig sprang sie zurück – über die Wagengeleise des Weges, der die Wien entlang führte.

Als Jakob hörte, wie die Schwester aufschrie, wandte er sich um. Dabei stieß er aus Ungeschicklichkeit die junge Ziege nieder, so daß sie über die Böschung ins Wasser kollerte. Jakob wollte dem Zicklein nach, aber Katharina schrie: „Gib acht, der Wassermann!“

Der Warnruf des Mädchens rettete den Bruder. Gerade noch konnte er den Ast einer Erle packen und sich daran festklammern, sonst wäre er ebenfalls ins Wasser gestürzt.

Entsetzt mußten die Kinder mit ansehen, wie das grünhaarige Männlein von seinem Stein in das Wasser glitt und das Zicklein mit sich in die Tiefe zog. Weinend liefen Jakob und Katharina zum Großvater. Der Schleusenwärter hörte sich alles schweigend an, dann sagte er: „Ich bin froh, daß nichts Schlimmeres geschehen ist. Wie leicht hätte das Wassermännlein eins von euch mitnehmen können!“

Als die Wien noch ungebändigt floss

Der „Wien“ genannte Fluß entspringt am Fuß des Kaiserbrunnberges im Wienerwald. Auf seinem Weg durch das Wiener Stadtgebiet nimmt er etliche Bäche auf und bildete früher auch einige Weiher. Am Wienfluß und an den beiden Mühlbächen lagen mehrere Mühlen. Von einer berichtet die Sage von der „Bärenmühle“.

1832 wurde die für die heutige Einmündung der Wien ein neues Bett gegraben. Als man die Stadtbahn baute, wurde die Wien unter die Erde verbannt. Erst beim Stadtpark wird sie wieder sichtbar.

Wenn man heute vom Aberglauben rückständiger Jahrhunderte spricht, vergißt man oft, daß die Menschen früher mehr Phantasie hatten und viel enger mit der Natur verbunden waren, als wir es heute sind. Raunte der Wind in den Blättern von Büschen und Bäumen, glaubte man Kobolde, Elfen oder Feen flüstern zu hören. Heulte der Sturm, dachte man an das Jammern armer Seelen im Fegefeuer.

Immer wieder kam es vor, daß Menschen oder Tiere in Hochwasser führenden Flüssen ertranken. Vorfälle, für die es scheinbar keine Erklärungen gab, wurden mit dem Eingreifen übernatürlicher Mächte gedeutet. Das Kind, das in den Fluten ertrunken war, weil es einem ins Wasser gerollten Ball gefolgt war, mußte ein menschenfeindlicher Wassermann angelockt haben. So konnte man sich trösten. Die unachtsame Mutter, die ihr Kind nicht beaufsichtigt, der nachlässige Hüterbub, der seine Kuh aus den Augen verloren hat, sind in vielen Abwandlungen Gestalten der Sagenwelt.

Auch ließen sich Wassermänner und Wassergeister als Erziehungshilfen einsetzen, wenn man neugierige Kinder hindern wollte, sich zu weit an einen Fluß oder See vorzuwagen.

Der dreizehnte Glockenschlag

Es war um die Mitte des sechzehnten Jahrhunderts. Mit Wien schien es aufwärts zu gehen. Kaiser Ferdinand war in die Burg übersiedelt, wo er nun auf Dauer bleiben wollte, und mit ihm kamen Hunderte von Höflingen und Beamten aus Prag und wurden in Wien einquartiert. Die Türken, die 1529 Wien belagert hatten, waren bis Ungarn zurückgewichen.

Hatten viele Wiener in den Zeiten der größten Not und Gefahr in den Kirchen Zuflucht gesucht, füllten sich nun jeden Abend wieder Wirtsstuben und Schenken mit einem fröhlichen Völkchen. Wer von den sogenannten besseren Leuten gerne feierte, fand bald Gelegenheit und Grund dazu – wie Arnold de Bruck, der Kapellmeister Kaiser Ferdinands. Er war nicht nur ein Meister des Taktstockes, sondern, wie man sich zu erzählen wußte, auch ein Feinschmecker und Freund eines guten Tropfens. Eines Abends suchte der Musiker mit seinen Kameraden einen Weinkeller auf, der zu seinen Lieblingslokalen zählte.

Die Stimmung war gut, der Wein nicht minder. Derbe Witze machten die Runde, Lieder wurden angestimmt, und der Keller hallte wider vom Gelächter aus rauhen Männerkehlen. Der Wirt hatte Mühe, die Becher zu füllen, so rasch wurden sie geleert.

Es mochte schon auf Mitternacht zugehen, aber die Gäste dachten noch immer nicht an Aufbruch. Auf einmal verebbte der Lärm. Wie aus dem Boden gewachsen stand eine uralte Zigeunerin inmitten der Zecher. Niemand hatte sie kommen gehört, niemand hatte sie je gesehen. Ihr dunkelhäutiges Gesicht war von unzähligen Falten und Runzeln durchfurcht, der hagere Körper steckte in einem Kittel von unbestimmbarer Farbe. Von ihrem linken Ohr baumelte ein goldener Ring.

Barfuß schlurfte die Alte von Tisch zu Tisch und trug sich an, den Gästen aus der Hand zu lesen und ihnen die Zukunft vorauszusagen. Doch überall schickte man sie mit schroffen Worten weg. Schließlich kam die Zigeunerin auch zum kaiserlichen Kapellmeister. De Bruck wollte an diesem fröhlichen Abend kein Spaßverderber sein. Mit spöttischem Lachen hielt er der Alten die rechte Hand entgegen. Die Wahrsagerin ergriff sie und betrachtete sie lange.

„Eine interessante Hand“, murmelte sie, „ein interessantes Leben. Solch eine Hand ist selten! Ich kann darin lesen wie gelehrte Leute in einem Buch. Seht ihr, Herr, dies ist Eure Herzenslinie – und dies Eure Lebenslinie! Sie reicht bis ...“ Der Redefluß der Zigeunerin kam ins Stocken. Sie öffnete ihren zahnlosen Mund zu einem lautlosen Lachen.

„He da!“ rief de Bruck verdutzt. „Was gibt es da zu grinsen, Alte?“

„Erlaubt, daß ich mein Wissen für mich behalte, gnädiger Herr“, rief die Zigeunerin heiser und wollte sich zum nächsten Tisch begeben.

„Nichts da! Hiergeblieben!“ sagte der Kapellmeister. „Du spielst dein Spiel nicht schlecht, alte Hexe! Jetzt hast du meine Neugier auf die Spitze getrieben! Willst du etwa deinen Preis erhöhen?“ Nun war es de Bruck, der die Wahrsagerin am Handgelenk festhielt. „Was kannst du meiner Lebenslinie entnehmen?“

„Die Stunde Eures Todes“, murmelte die Alte. „Wollt Ihr sie wirklich wissen?“

Im Weinkeller war es still geworden, unheimlich still. Daß hier, inmitten dieser ausgelassenen Fröhlichkeit, jemand Gevatter Tod erwähnte, brachte selbst die lautesten Zecher zum Verstummen.

„Los, Alte! Sprich!“ wiederholte de Bruck und bemühte sich, nicht die Fassung zu verlieren. Auf seiner Stirn hatten sich kleine Schweißperlen gebildet. „Ich bin stark genug, die Wahrheit zu ertragen.“

„Nun gut, Ihr wollt es nicht anders haben.“ Die Wahrsagerin legte eine bedeutungsvolle Pause ein. „Der Tod wird Euch – nicht weit von hier – ereilen, wenn die Turmuhr zu Sankt Stephan dreizehn schlägt!“

Einen Augenblick war es noch still, dann brach dröhnendes Gelächter los und wollte nicht enden. Die Gäste hielten sich die Bäuche und schlugen sich vor Vergnügen auf die Schenkel. Die Alte war wohl nicht mehr ganz richtig im Kopf!

„Habt ihr das gehört!“ schrie der Kapellmeister und sprang auf den Tisch. „Wenn die Turmuhr dreizehn schlägt! O du Ausbund an Weisheit! Diese Uhr muß wohl erst erfunden werden – und das kann noch hundert Jahre dauern! Ich glaube dir kein Wort, aber du hast mir ein langes Leben prophezeit, ein sehr langes. Das soll dein Schaden nicht sein!“

Lachend öffnete de Bruck seinen Geldbeutel und warf der Zigeunerin eine spanische Goldmünze zu. Die Alte bückte sich, überrascht von solcher Großzügigkeit, musterte den Kapellmeister nochmals mit einem langen, durchdringenden Blick aus ihren schwarzen Augen und verschwand ebenso rasch, wie sie gekommen war.

„Darauf müssen wir anstoßen, Bruck!“ lachten die Kameraden des Musikers und prosteten dem Kapellmeister zu. „Wein, Herr Wirt! Hier gilt es einen zu feiern, dem ewiges Leben geweissagt wurde!“

Bald darauf – de Bruck hatte den feuchtfröhlichen Abend schon längst vergessen – stieg der Kapellmeister zur Glockenstube des Stephansdomes hinauf, um von oben den Ausblick auf sein geliebtes Wien zu genießen. Dort, hoch über Staub und Dunst der engen Häuserzeilen, fühlte er sich dem Alltag so richtig entrückt. Der Türmer kannte diese Angewohnheit des Musikers und folgte ihm oft über die steile Wendeltreppe. Es war um die Mittagszeit, und als sich der Kapellmeister in schwindelnder Höhe aus der Fensterluke beugte, begann die Turmuhr zu Sankt Stephan die zwölfte Stunde zu schlagen.

De Bruck drehte sich rasch um. Er dachte, der Türmer hätte ihm etwas zugerufen. Dabei stieß er mit seinem Säbel heftig gegen die Glocke und brachte sie zum Klingen. Es war, als ob ein dreizehnter Glockenschlag über die Dächer von Wien hallte. Erschrocken versuchte der Kapellmeister, das dröhnende Erz zum Schweigen zu bringen. Dabei verlor er das Gleichgewicht und stürzte in die Tiefe. Sekunden später ein dumpfer Aufprall – Arnold de Bruck war tot.

Wie ein Lauffeuer verbreitete sich die Nachricht vom jähen Ende des Kapellmeisters. Als die näheren Umstände bekannt wurden, unter denen de Bruck zu Tode gekommen war, erinnerten sich seine Zechkumpane auf einmal an die Worte der Wahrsagerin. Die alte Zigeunerin aber, deren Prophezeiung sich so erfüllte hatte, wie sie es vorhergesagt hatte, blieb verschwunden und wurde in Wien nie mehr gesehen.

Als Ferdinand von Prag nach Wien übersiedelte . . .

Seit etwa 1530 nahm der spätere Kaiser Ferdinand I. dauernd seinen Sitz in der Wiener Burg. Diese war in ihrem damaligen Bauzustand für einen Landesfürsten und König dreier Reiche nicht eben würdig. Ferdinand war ja nicht nur der Herrscher Österreichs, sondern auch von Böhmen und Ungarn. Überhaupt machte die ganze Stadt Wien zu dieser Zeit einen recht baufälligen Eindruck. Erst nach dem Umbau der Burg konnte Ferdinand im Jahre 1533 seinen Hofstaat von Prag nach Wien übersiedeln lassen. Es gibt allerdings keine Hinweise, daß sich darunter auch ein Musiker mit dem Namen de Bruck befand.

Die tödliche Gefahr, der Wien 1529 bei der Belagerung durch die Türken ausgesetzt war, weil man die Festungswerke sorglos hatte verfallen lassen, bewirkte ebenfalls eine rege Bautätigkeit. Zwei italienische Festungsbaumeister wurden in die neue Residenzstadt berufen. Unter der Leitung des Bürgermeisters Schallautzer wurden die Türme höher und massiver gebaut und vier neue Basteien angelegt, denn gegen die in Ungarn stationierten Türken mußte man gerüstet sein.

Der Teufel im Krapfenwaldl

Von der Wiener Höhenstraße, die auf den Kahlenberg führt, zweigt ein Weg zum Krapfenwaldl und zum Krapfenwaldlbad ab. In früheren Zeiten war diese Gegend dicht bewaldet. Damals gab es weder das Schwimmbad noch die Höhenstraße, aber es gab wandernde Handwerksburschen. Einer, ein gelernter Schmied, kam einmal von Klosterneuburg über den Leopoldsberg und den Kahlenberg und wollte nach Wien wandern. Seine Laune war nicht die beste. Ständig mußte er achtgeben, daß er den schmalen Waldweg nicht aus den Augen verlor. Die Kälte biß ihn in Ohren und Nase, und im Magen zwickte ihn gewaltig der Hunger. Auf einer Waldlichtung, ungefähr dort, wo heute das Bad ist, ließ er sich im braunen Moos zu einer Rast nieder. Von dieser Stelle konnte er geradewegs hinunter auf die Stadt Wien blicken.

Der Handwerksbursch seufzte. So gut wie die feinen Herren da unten in den prächtigen Bürgerhäusern müßte man es haben, dachte er. Die feierten mit ihren schönen Damen ausgelassen den Fasching, verkleideten sich und ließen sich die Krapfen schmecken! Aber unsereins hat nicht einmal ein Stück Brot in der Tasche, um den ärgsten Hunger zu stillen!

Ach, was hätte er darum gegeben, sich einmal den Bauch richtig vollschlagen zu können!

Plötzlich stand eine Schüssel voll Krapfen vor dem Burschen. Der Handwerker erschrak. Das ging wohl nicht mit rechten Dingen zu! Aber die goldbraunen Krapfen dufteten verführerisch, wie frisch herausgebacken im heißen Schmalz. Auf ihrer Oberseite glänzte weiß der Puderzucker.

Dem Burschen lief das Wasser im Mund zusammen. Zum Anbeißen sahen sie aus, die Krapfen!

Schließlich konnte er nicht länger widerstehen und griff zu. Kaum hatte er den ersten Krapfen verschlungen, streckte er die Hand schon nach dem zweiten aus. Dem zweiten Krapfen folgte ein dritter, ein vierter, ein fünfter, und schließlich war die ganze Schüssel leer.

„Na?“ fragte plötzlich eine Stimme. „Schmeckt’s?“

Der Handwerksbursch schaute auf. Vor ihm stand ein kleines schwarzes Männchen.

„Mhm“, mampfte der Bursch. „Teuflisch gut schmeckt’s!“

„Du sagst es“, lachte der Schwarze. „Drücken dich die Krapfen schon im Bauch, oder hast du noch Hunger?“

Eine Gelegenheit wie diese kommt nicht so schnell wieder, dachte der Handwerksbursch und nickte, mit vollen Backen kauend. „Eine Schüssel voll könnt’ ich schon noch vertragen.“

„Die sollst du haben“, antwortete das schwarze Männchen.

„Und du verlangst nichts dafür?“ wunderte sich der Bursche.

„Das habe ich nicht gesagt“, meckerte das Männlein.

„Aber ich hab' keinen roten Heller bei mir“, jammerte der Handwerker und stülpte zum Beweis vor den Augen des Schwarzen den leeren Geldbeutel um.

„Mit Geld sind meine Krapfen auch nicht zu bezahlen“, sagte das Männchen, und seine Stimme wurde dem Handwerksburschen langsam unheimlich. „Was ich will, ist deine Seele! Ich bin der Teufel! Ein Jahr lang kannst du dir zu essen und zu trinken wünschen, was dein Herz begehrt – es wird so rasch vor dir stehen wie diese Schüssel voller Krapfen. Aber nach dieser Jahresfrist hole ich dich!“

Der Handwerksbursch hatte sich von seinem ersten Schrecken erfangen. Ein Jahr lang das beste Essen und Trinken gefiel ihm wohl, aber daß er dafür ewig in der Hölle schmoren sollte, schien ihm nicht billig. Schon hatte er insgeheim einen Plan gefaßt, wie er den Teufel an der Nase herumführen könne.

„Ich möchte dich auf die Probe stellen“, sagte er, „ob du wirklich der Teufel bist. Mach dich groß wie eine Eiche!“

„Nichts leichter als das“, lachte der Teufel und begann, vor den Augen des Burschen riesenhaft in die Höhe zu wachsen.

„Das genügt!“ rief der Bursche. „Nun mach dich klein wie eine Eichel!“

Der Riese begann zu schrumpfen, wurde immer kleiner, bis sich das Männchen in eine winzige Eichel verwandelt hatte. Da packte der Handwerksbursch blitzschnell die Eichel, steckte sie in seinen leeren Geldbeutel und zog den Riemen fest zusammen. Dann lief er nach Grinzing hinunter, zum nächsten Schmied. Dort ergriff er einen schweren Hammer, legte den Geldbeutel auf den Amboß und drosch auf die Eichel ein, daß dem Teufel Hören und Sehen verging.

„Laß mich hinaus!“ kreischte schließlich eine Stimme. „Ich hol’ dich schon nicht! Ich hol’ dich schon nicht!“

Da machte der Bursche den Beutel auf, und das Männchen sprang heraus. Ein gewaltiger Feuerstrahl fegte aus der Esse zum Kamin hinaus. Ein bißchen roch es nach Schwefel, dann war der Spuk vorbei.

Der Handwerksbursch aber lachte und freute sich, daß er dem Bösen ein Schnippchen geschlagen und so billig zu den guten Krapfen gekommen war.

Der Bursch erzählte bei jeder Gelegenheit diese Geschichte, und so mancher hungrige Wanderer hätte seither nichts dagegen gehabt, wenn er ebenfalls eine Schüssel voller Krapfen gefunden hätte. Doch was man im Krapfenwaldl finden konnte, waren bestenfalls Beeren und Pilze, denn der Teufel ließ sich hier nie wieder blicken.

Handwerksburschen auf der Wanderschaft

In dieser Sage wünscht sich der wandernde Handwerksbursch im Krapfenwaldl eine Schüssel voll Krapfen. Aber der Name Krapfenwaldl, wie der Höhenrücken östlich vom Cobenzl im 19. Wiener Bezirk, Döbling, heißt, hat mit Krapfen gar nichts zu tun. Er heißt so nach dem Besitzer eines Hauses, Franz Josef Krapf. Die Wiener aber nannten das Haus bald „Krapfenhütte“.

Wenn in früheren Zeiten ein Lehrling zum Gesellen wurde, so mußte er drei bis fünf Jahre warten, ehe er sein „Meisterstück“ anfertigen durfte. Diese Zeit verbrachten die Burschen auf der Wanderschaft. Sie wanderten von Stadt zu Stadt und arbeiteten bei verschiedenen Meistern, um sich die notwendigen Kenntnisse und Erfahrungen zu erwerben. Viele Wanderlieder stammen aus dieser Zeit. Auch sorgten die wandernden Handwerksburschen für die Verbreitung von Sagen.

Mensch und Teufel messen ihre Kräfte, wobei der Mensch als der Klügere Sieger und der Teufel als der Dümmere Verlierer ist. Die vielen Sagen, aber auch Märchen und Legenden, in denen vom „geprellten“ oder „überlisteten“ Teufel berichtet wird, beweisen, welchen Spaß es Erzählern und Zuhörern gemacht haben muß, den Teufel „hereinzulegen“.

Das Donauweibchen

Das Haus des Fischers Jeremias war fester gebaut und größer als die Hütten der anderen Fischer. Seine Boote waren gut geteert; wenn er seine Netze am Abend auslegte, waren sie am Morgen voll von Barschen und Zandern, von Rotaugen und Schleien – manchmal war sogar ein Wels darunter. Es sah aus, als wolle der Nöck, der böse Donaufürst, den Jeremias entschädigen für das, was er ihm angetan hatte. Keiner der anderen Fischer neidete ihm das große, feste Haus, die Boote oder die vollen Netze. Niemand neidete ihm sein Schicksal. Und das kam so:

Früher war alles anders gewesen – der Jeremias arm, die Hütte baufällig, der Kahn morsch, und die Netze mußten ständig geflickt werden. Die einzige Beute, die Jeremias fing, waren Weißfische – manchmal war ein Karausche darunter oder ein Aal. Ja, früher war es Jeremias schlechter ergangen, und doch war alles besser gewesen. Denn damals hatte er noch seinen Sohn, den Andres.

Sie machten alles zu zweit. Sie fischten gemeinsam, flickten gemeinsam die Netze, verkauften die Fische gemeinsam auf dem Markt in der Wienerstadt und besserten gemeinsam das Boot aus.

Die Frau des Jeremias war früh gestorben, hatte den Fischer allein zurückgelassen mit seinem Sohn, der seiner Mutter glich, als wäre er ihr Ebenbild, im Wesen wie im Aussehen. Der Andres hatte schwarzes Haar und tiefblaue Augen, wie seine Mutter es gehabt hatte. Er war sanft und ernst, wie seine Mutter gewesen war.

Wenn der Winter kam und die Donau so fest zufror, daß sie

einen Wagen samt sechs Pferden tragen konnte, saßen die Fischer an den langen Abenden in ihren Hütten und erzählten, während sie die Netze ausbesserten, ihren Kindern die alten Sagen vom Donaufürsten und von seiner Tochter, dem Donauweibchen. Andres konnte von den Geschichten seines Vaters nicht genug bekommen, und wenn Jeremias lebhaft vom Donauweibchen sprach, wie es ihm in seiner Jugend einmal begegnet war, dann leuchteten die Augen des Andres auf, als würde er die Nixe leibhaftig vor sich sehen.

Als Jeremias ein junger Bursch gewesen war, im selben Alter wie Andres, hatte man das Donauweibchen noch oft zu Gesicht bekommen. Die Tochter des Donaufürsten erschien damals gern auf den Tanzböden. Nie ließ sie einen Tanz aus. Mit dem ersten Hahnenschrei war sie jedoch stets verschwunden. Die Burschen tanzten gern mit dem fremden Mädchen, das sich anmutiger bewegte als die anderen Tänzerinnen. Wenn sie einer aber bat, noch zu bleiben, wenn er nach ihrer Hand griff und sie festhalten wollte, dann merkte er freilich schnell, mit wem er es zu tun hatte. Die Hand des Donauweibchens war eiskalt, und auch daran, daß vom Rocksaum der Schönen Wassertropfen auf den Tanzboden liefen, konnte man die Tochter des Nöck erkennen.

Warum sie beim ersten Hahnenschrei immer gegangen sei, wollte der Andres vom Vater wissen. Ja, das sei so eine Sache, erklärte Jeremias. Der Nöck sei sehr streng zum Donauweibchen und schlage es, wenn es sich beim Heimkommen verspäte. Man könne es ganz deutlich sehen, wenn der Donaufürst zornig sei. Dann sei die Donau grau und braun und trüb von dem Schlamm, der aufgewirbelt würde beim Streit dort unten im Palast des Nöck. Nur mit einer Menschenseele könne die Tochter den Vater besänftigen, erzählte Jeremias. Es falle ihr auch nicht schwer, mit ihrer anmutigen Gestalt und ihrem schönen Gesang junge Burschen ins Wasser zu locken. Waren

sie erst weit genug vom Ufer weg, lauerte schon der Donaufürst auf seine Opfer und sorgte dafür, daß sie sich in den Schlingpflanzen verstrickten und verfingen. Die Leiber der Ertrunkenen gab der Nöck wieder frei, aber die armen Seelen der Toten hielt er auf dem Donaugrund gefangen, in schweren Steinkrügen, die umgestürzt, mit dem Boden nach oben, auf seiner Tafel im Glaspalast standen.

In einer stürmischen Februarnacht näherten sich Schritte der Fischerhütte, in der Jeremias und sein Sohn die Netze flickten. Es waren leichte, beschwingte Schritte: Mädchenschritte. Ob es die Agnes vom Fischerwirt war? Sie besuchte die beiden oft unter dem Vorwand, eine Botschaft von ihrem Vater ausrichten zu müssen, aber in Wirklichkeit kam sie, weil sie den Andres gern sah. Nein, es war nicht die Agnes; es war ein fremdes Mädchen, schöner als die jungen Dinger aus dem Fischerdorf. Erstaunt sahen Vater und Sohn von ihren Netzen auf.

„Ich muß Euch warnen, Jeremias", sagte die Fremde ohne Umschweife, blickte dabei aber dem Andres tief in die blauen Augen. „Das Eis in den Bergen ist geschmolzen. Die Flüsse gehen über. Die Donau kann die Wassermengen nicht mehr fassen. Sie ist aus den Ufern getreten. Im Tullnerfeld stehen die Dörfer schon unter Wasser! Zwei, drei Stunden noch, dann wird die Flut hier sein und sich über eure Hütten wälzen! Ruft alle Nachbarn zusammen, schnürt eure Bündel und bringt euch in Sicherheit! Flieht, so schnell es geht, hinauf in die Stadt!"

Jeremias erschrak. „Wer bist du? Wer hat dich geschickt?"

Das fremde Mädchen ließ sich Zeit mit seiner Antwort. Unverwandt blickte es auf den Sohn des Fischers. „Du weißt genau, wer ich bin", sagte sie dann, „und geschickt hat mich niemand. Mein Vater würde mich schlagen, wenn er wüßte, wo ich bin."

Sie drehte sich um zum Gehen, nicht ohne vorher noch einmal Andres tief in die Augen geblickt zu haben.

„Halt!" rief Jeremias. „Das mußt du mir näher erklären!" Und er griff nach der Hand der Fremden. Aber als er sie berührte, zuckte er im selben Moment wieder zurück – sie war kalt wie Eis. Und auf dem Fußboden hatte sich ein Kreis von Wassertropfen gebildet. Da ahnten die beiden Fischer sehr wohl, wen sie kurz zu Gast gehabt hatten.

Nun liefen Andres und Jeremias von Hütte zu Hütte und warnten die Bewohner. Wer schon schlief, wurde schleunigst geweckt. In größter Eile packte jeder seine Habseligkeiten zusammen und flüchtete stadtwärts. Dort hatten die Fischer ihre liebe Not mit den Torwächtern, die nicht und nicht begriffen, warum die Fischer Einlaß begehrten. Erst als sie mit

eigenen Ohren die Donau hörten, wie sie rumorte, wie sich Plätschern zum Rauschen und wie sich das Rauschen zum Brüllen steigerte, stellten sie sich nicht länger taub und ließen die Flüchtigen ein. Hätte das Donauweibchen die Fischer nicht gewarnt, wären sie wohl alle bei der Flutwelle ums Leben gekommen.

Erst Wochen später konnten die Fischer in ihre Siedlung zurückkehren, aber es war nicht mehr viel übrig davon. Das Hochwasser hatte die Hütten zerstört und mit sich gerissen, aber die Fischer und ihre Familien waren allesamt am Leben geblieben. Sie bauten ihre Wohnungen wieder auf, und weil die Flut so viele Fische wie selten zuvor in die Seitenarme und Auen geschwemmt hatte, hatte das Hochwasser auch sein Gutes.

Andres half seinem Vater beim Bau des neuen Hauses. Aber er lachte und scherzte nicht und war nicht vergnügt wie die anderen Fischer, sondern sprach kein Wort zuviel. Jeremias sah ihm an, daß er mit seinen Gedanken woanders war, und er wußte auch, wo.

Wenn die Agnes vom Fischerwirt kam und einen Laib Brot brachte oder einen Krug Wein, dann mußte sich der Vater für den Sohn bedanken. Das Mädchen war einfach Luft für Andres; er sah sie nicht an, merkte gar nicht, daß sie gekommen war.

„Die Schwermut liegt ihm im Geblüt", seufzte Jeremias, wenn er von den anderen Fischern auf seinen Sohn angesprochen wurde. „Ich kann's ihm nicht verübeln; es ist das Erbteil seiner Mutter."

Nachts konnte Andres nicht schlafen. Er saß beim offenen Fenster und horchte hinaus auf die Donau. Er lauschte dem Wind in den Baumwipfeln des Auwaldes. Er lauschte dem klagenden Schrei des Käuzchens und dem unablässigen Plappern der Donau. Stundenlang konnte er den Mond betrachten, wie er sich silbrig im Wasser spiegelte.

Jeremias war beunruhigt. Er befürchtete Schlimmes und ließ seinen Sohn Tag und Nacht kaum aus den Augen. Es war dem Fischer, als warte Andres auf irgend etwas und wüßte selbst nicht, worauf.

Eines Nachts wurde Jeremias plötzlich wach. Er hörte den Gesang einer Frau – traumhaft klar, überirdisch schön, fordernd und lockend. Der alte Fischer erkannte die Stimme wieder, es war dieselbe, welche die Leute vor der Flut gewarnt hatte.

Jeremias sprang auf. Das Zimmer seines Sohnes war leer, sein Bett nicht benützt. Die Haustür stand offen. Der Fischer rannte hinunter zur Donau. Er sah sofort, daß eines der beiden Boote fehlte, und in der Ferne hörte er Ruderschläge. Weit draußen sah er Andres im Dunst der Nacht verschwinden.

Verzweifelt legte der Fischer die Hände an den Mund und schrie: „Andres! Andres, komm zurück!“ Im selben Augenblick wußte er, saß sein Rufen sinnlos war. Andres war verloren. Wen das Donauweibchen einmal umgarnt hat, den läßt es nimmer los, bis er ihr ins Netz gegangen ist.

Der Fischer rieb sich die nassen Augen. Der Gesang hatte aufgehört. Es war, als wäre er in fernes Gelächter übergegangen. Jeremias wußte, daß sein Sohn nicht mehr zurückkehren würde, und er wußte, daß Suchen sinnlos war. Andres war das Opfer des Donaufürsten geworden.

In den folgenden Wochen träumte der Fischer manchmal, er sähe das Donauweibchen unten am Grunde neben einem der Steinkrüge sitzen. Im Traum sah Jeremias die Tochter des Nöck, wie sie den steinernen Krug streichelte und unter Tränen zärtliche Worte flüsterte. Aber er wußte auch, daß das Donauweibchen zu schwach war, das schwere Gefäß umzustürzen und so die arme Seele zu befreien, die der Donaufürst nun für immer gefangenhielt.

Das Haus des Fischers Jeremias war fester gebaut und größer

als die Hütten der anderen Fischer. Seine Boote waren gut geteert; wenn er seine Netze am Abend auslegte, waren sie am Morgen voll von Zandern und Barschen, von Rotaugen und Schleien. Es sah aus, als wolle der Nöck, der böse Donaufürst, den Jeremias entschädigen für das, was er ihm angetan hatte. Keiner der Fischer neidete ihm das große, feste Haus, die Boote oder die vollen Netze.

Nein, niemand neidete ihm sein Schicksal.

Als die Donau über die Ufer trat

Im Laufe der Jahrhunderte trat die Donau immer wieder aus den Ufern und brachte für die Stadt, besonders aber für die tiefer gelegenen Vorstädte, katastrophale Überschwemmungen mit sich. Aus der ältesten Zeit ist das Hochwasser von 1501 bekannt, aber auch in unserem Jahrhundert, in den Jahren 1954, 1956, 1959 und zuletzt 1991 kam es zu Überflutungen.

Um die Gefahr endgültig zu bannen, wurde ein ganz sicherer Hochwasserschutz gebaut. Neben dem Hauptstrom entstand die „Neue Donau", die bei Überschwemmungen die zusätzlichen Wassermassen aufnehmen kann. Dazwischen liegt die 21 Kilometer lange Donauinsel, ein Freizeitparadies der Wiener.

Die Donau spielte früher eine wichtige Rolle für die Versorgung der Wiener. Mit Donauschiffen wurden Obst und frisches Gemüse zu einem eigenen Obstmarkt geführt, ebenso gab es einen Fischmarkt. Im ersten Wiener Gemeindebezirk, Innere Stadt, erinnert die „Fischerstiege" daran, und im zweiten Bezirk gibt es eine „Fischergasse". Die Fischer bildeten eine eigene Berufsgruppe, aber sie waren vergleichsweise arm und längst nicht so angesehen wie andere Handwerker, zum Beispiel die wohlhabenden Tuchmacher oder Goldschmiede.

Das Wohl und Wehe der Donaufischer hing nicht so sehr von ihrer Tüchtigkeit, sondern viel mehr von den Launen des Stromes ab. War die Donau in strengen Wintern zugefroren, konnten die Fischer überhaupt nichts verdienen. Tauwetter und Schneeschmelze sorgten regelmäßig für gefährliche Eisschollen und Hochwasser, tückische Stromschnellen, Wirbel, unbekannte Strömungen forderten immer wieder Opfer. Kein Wunder, daß die Fischer abergläubisch waren und meinten, Wassergeister aller Art, mit guten und mit schlechten Eigenschaften, trieben im Strom ihr Wesen. Der Nöck, in manchen Gegenden auch Nix genannt, war nach dem Volksglauben bösartig. Entweder erschien er als freundlicher Knabe, oft mit langem grünen Haar, wie in der Sage vom „Wassermännlein in der Wien", oder er glich – wie der Donaufürst – einem erwachsenen Mann, hatte ein altes, tückisches Gesicht und Krallen an den Fingern. Man erzählte sich, daß er mit Frau und Kindern, den Nixen, am Grund des Flusses wohnte. Die Vorstellung, daß der Wassermann die Seelen Ertrunkener unter umgestülpten Töpfen gefangenhält, ist bei den slawischen Völkern verbreitet. Vom Donauweibchen glaubte man, daß es geheimes Wissen besitze und deswegen eine Flutkatastrophe voraussagen könne.

Die Lichtsäule in Penzing

Als im Juli 1683 die ersten Tataren durch den Wienerwald streiften, und als man hörte, daß sich ein riesiges Türkenheer auf Wien zu bewegte, brachen die Bewohner des Ortes Penzing in größter Hast auf, um sich in den Wäldern zu verstecken. Auch der Schuster Andre Rottaler und seine Frau packten in aller Eile ihr Bündel. Sie beluden die Kuh mit Vorräten, damit sie zu essen und zu trinken hätten, und setzten ihr auch noch die drei jüngsten Kinder auf den Rücken. Dem zehnjährigen Michel trug der Schuster auf, die Ziege am Strick hinter sich her zu führen.

Michel hatte schon viel von den Türken reden gehört, aber er konnte sich kein rechtes Bild von ihnen machen. Nur zu gern hätte er einen gesehen, einen mit roter Pluderhose, einem Turban auf dem Kopf und einem Krummsäbel um die Mitte!

Immer wieder drehte sich der Bub um, ob die Türken nicht schon dahergeritten kämen. Es machte ihm gar nichts aus, daß die Ziege öfter vom Weg abwich und an den Gräsern naschte. Doch auf einmal waren die Eltern samt den übrigen Dorfbewohnern verschwunden. Michel stand mit seiner Ziege allein auf der Straße und schaute immer wieder zurück. Von den Türken war nichts zu sehen und nichts zu hören. Ob sie überhaupt kamen?

Michels Blick fiel auf den Turm des Kirchleins. Von dort oben müßte man sie gut sehen können, die Krummsäbel, dachte der Bub und war schon entschlossen umzukehren. Er schlug der Ziege mit der flachen Hand auf das Hinterteil, daß sie meckernd voraussprang – den Weg zurück, den sie gekommen waren.

Als sie die Kirche erreicht hatten, band der Junge die Ziege an die Sakristeitür und hastete die steile Holztreppe hoch, die auf den Turm führte. Michel kannte sich hier gut aus; hatte er doch dem Mesner oft geholfen, die Glocke zu läuten.

Noch ganz außer Atem beugte sich der Bub aus dem kleinen Ostfenster der Glockenstube. Und lange brauchte er nicht zu warten! Lärm schlug an sein Ohr: Hufgetrappel, Waffenklirren, fremde Stimmen, die in einer fremden Sprache redeten. Auf kleinen zottigen Pferden trabten schnurrbärtige Reiter durch Penzing. Sie sahen so wild und kriegerisch aus, daß sie dem Jungen Angst und Schrecken einjagten. Von ihren Sätteln hingen Faustkolben und Streitäxte, krumme Säbel und krumme Dolche. Einige waren mit Pfeil und Bogen bewaffnet.

Jetzt hatte Michel keine Zeit mehr, nach Turban und Pluderhose zu schauen. Die Ziege! fuhr es ihm siedend heiß durch den Kopf. Sie werden die Ziege finden, sie mir wegnehmen und schlachten! Was wird der Vater sagen?

Der Bub fiel mehr die Stufen hinunter, als er lief. Er erreichte die Sakristei und band das Tier mit fliegenden Fingern los. Schon tauchten die Tataren von Hietzing her auf.

Die Ziege fand die Feinde genauso zum Fürchten wie Michel und sprang davon. Der Bub flüchtete in ein Haus und versteckte sich hinter dem gemauerten Herd. Aber hier konnte er nicht bleiben. Schon hörte er Türken rumoren. Axthiebe dröhnten gegen die Tür, Fenster wurden mit den Faustkolben eingeschlagen. Und überall legten die Tataren Feuer! Balken krachten in den knisternden Flammen, Strohdächer brannten wie Zunder!

Da sprang Michel durch ein Kammerfenster in einen Garten, kletterte blaß vor Entsetzen über eine Mauer. Weg, nur weg von hier! Aber wohin? Zur Kirche zurück? Auch von dort hörte er Axthiebe, Gepolter und wildes Geschrei.

Geduckt schlich der Bub über den Kirchhof, jeden Grabstein, jedes Kreuz dabei als Deckung nützend. Plötzlich stand er vor

der Lichtsäule und sah die schmale Öffnung. Beim Versteckenspiel hatte er sich schon oft hier verborgen. Das war die Rettung!

Michel machte sich ganz dünn und zwängte sich durch den Spalt. Hier würden ihn die Tataren nicht finden, hier würden sie bestimmt nicht suchen! Hier war er vorerst in Sicherheit.

Vor der alten Steinsäule stellten die Leute aus Penzing im Gedenken an ihre Verstorbenen brennende Lichter auf. Deswegen wurde sie Lichtsäule genannt. Diesmal brannte keine Kerze, diesmal stand der ganze Ort in Flammen.

Einen halben Tag und eine ganze Nacht saß der Bub in dem engen Hohlraum des Säulenschaftes. Er wagte es nicht, sich zu rühren.

Als der Morgen endlich graute, war es draußen still geworden. Vorsichtig kam Michel aus seinem Versteck. Die Türken waren abgezogen, aber, o Schreck! Wie sah Penzing aus! Das Kirchlein war zerstört, die meisten Wohnhäuser waren eingeäschert, die Gärten verwüstet. Brandgeruch lag in der Luft. Ein schlimmer Anblick – Michel würde ihn nie mehr vergessen.

In den rauchenden Ruinen stöberte der Bub nach Eßbarem und versuchte, Wasser aus einem Brunnen zu schöpfen. Hunger und Durst quälten ihn.

So fand ihn der Schmied, der aus dem Wald zurückgekehrt war und nachsehen wollte, ob die Türken schon weitergeritten wären.

Der Schmied brachte Michel zu seinen Eltern. Überglücklich schlossen Vater und Mutter den Buben in die Arme, jubelnd fielen ihm die Geschwister um den Hals.

Die Eltern hatten die ganze Nacht kein Auge zugetan. Sie hatten befürchten müssen, Michel wäre den Türken in die Hände gefallen. Aber nun war er wieder da, unversehrt, bis auf das blutige Knie, das er sich beim Sturz von der Kirchturmstiege zerschrammt hatte.

Die Ziege freilich war verloren. Aber diesen Verlust konnte der Schuster verschmerzen.

Als die Türken nach Penzing kamen

Die gotische Lichtsäule aus dem 15. Jahrhundert, von der die Sage erzählt, steht heute in der Einwanggase 30 im 14. Bezirk, Penzing, vor der Pfarrkirche. Ursprünglich war sie auf dem Penzinger Friedhof.

Ob der Türkeneinfall für die Bewohner von Penzing wirklich so glimpflich verlief, muß bezweifelt werden. Die Tataren, die schreckerregende Vorhut des Türkenheeres, fielen schon Anfang 1683 in die Gegend um Wien ein. Das gesamte Sicherheitssystem, das die Bevölkerung warnen sollte, versagte. Niemand dachte daran, die sogenannten Kreidfeuer zu entzünden, ja, es zeigte sich, daß die Vorrichtungen meist gar nicht aufgerichtet, sondern vermodert waren. Wo sich die Bevölkerung in die Wälder flüchtete, wurde sie durch die Bluthunde der Tataren, die vor keiner Grausamkeit zurückschreckten, aufgespürt.

Schuster Rottaler und der Schmied von Penzing hätten wohl besser daran getan, so wie viele andere Handwerker aus den Vorstädten auch, mit Hab und Gut in die Festung Wien zu flüchten, um sich zu retten. Dafür verließ die gesamte reichere Bevölkerung die Stadt. Der Adel, die Geistlichkeit, Klosterbrüder und -schwestern und viele Bürger flohen. Sie alle taten es dem Kaiser gleich. Ununterbrochen wälzten sich Wagenkolonnen nach Westen und Norden, um über Krems das Waldviertel zu erreichen. Ein Drittel der Bevölkerung, an die 30.000 Menschen, soll damals der Stadt Wien den Rücken gekehrt haben.

Wie wenig man auf den Ansturm der Türken gefaßt war, beweist allein die Tatsache, daß Kaiser Leopold in den ersten Julitagen noch in den Wienerwald auf die Jagd ging und beinahe den Tataren in die Hände gefallen wäre.

Es waren auch nicht lauter Tataren, die raubten, plünderten, mordeten und brandschatzten. Ungarische Rebellen, katholische und protestantische, waren in ihren Reihen und wohl auch mancher einheimische Überläufer, der sich an seiner Herrschaft rächen wollte. Einige vermeintliche Tataren kannten alle Wege und Orte genau und sprachen deutsch.

Die Umgebung Wiens und das Wienerwaldgebiet wurden von den Türken nicht nur schwerst verwüstet, sondern auch weitgehend entvölkert. Die Stadt Wien selbst hat während der sechzig Tage dauernden Belagerung vergleichsweise wenig Schaden erlitten. Der türkische Großwesir Kara Mustafa, der Wien zu seiner Residenz machen wollte, hat sie sicherlich nicht als Trümmerhaufen übernehmen wollen. Nach der schweren Niederlage am 12. September 1683, die dem türkischen Heer zugefügt wurde, floh der Großwesir mit seinen Truppen nach Ungarn.

Der Sackpfeifer Augustin

Der Sackpfeifer Augustin war ein bescheidener Mann. Es war nicht viel, was er zum Leben brauchte: ein Dach über dem Kopf, ein Lager für die Nacht, eine warme Mahlzeit pro Tag. Daß Augustin nicht verdursten mußte, darum kümmerten sich die Gäste in den Schenken und Weinstuben. Immer wieder ließ man den Becher des Spielmannes nachfüllen, damit ihm der Mund vom Singen und Musizieren nicht trocken wurde. Für Essen und Quartier kamen die Wirte auf, bei denen Augustin gern gesehen war. Sorgte der Sackpfeifer doch dafür, daß bei Speis und Trank kräftig zugelangt wurde und so mancher Zecher noch ein Stündchen länger sitzen blieb, als er es vorgehabt hatte.

Augustin liebte das Leben, und er liebte die Menschen. Er verstand es, ihnen mit seiner Musik eine Botschaft mitzugeben: eine Botschaft, die lautete, Kummer und Sorgen nicht zu wichtig zu nehmen und sich an den schönen Augenblicken des Daseins zu freuen.

Unermüdlich spielte und sang der Sackpfeifer oft bis in die frühen Morgenstunden, zwischendurch unterhielt er die Leute mit allerhand Possen und Schabernack. Es machte ihm Freude, die Menschen lachen zu sehen. Selbst den größten Griesgram konnte er zum Schmunzeln bringen. Und sollte es dem Spielmann einmal wirklich mißlingen, die Leute aufzuheitern, so hatte er immer noch seinen Dudelsack. Das merkwürdige Ding schien ein wunderliches Eigenleben zu führen. Zu den seltsamen Tönen, die es von sich gab, sobald Augustin in das Mundstück blies, bewegten sich die Pfeifen und Bälge in grotesken

Verrenkungen. Wo immer der Spielmann mit seiner Sackpfeife auftauchte, ging es lustig her.

Um so härter trafen Augustin die schrecklichen Ereignisse des Jahres 1679. Die Pest, der Schwarze Tod, erreichte Wien im Frühsommer. Der Spielmann, der es gewohnt war, tagaus, tagein Freude und Frohsinn unter die Menschen zu bringen, mußte nun fassungslos zusehen, wie eine namenlose Angst um sich griff. Zu Hunderten, ja zu Tausenden raffte die furchtbare Seuche ihre Opfer innerhalb weniger Wochen dahin. Als bekannt wurde, daß der Kaiser in Panik die Stadt verlassen hatte, suchten viele Wiener ihr Heil ebenfalls in der Flucht. Doch die meisten kamen nicht weit. Wen der Schwarze Tod einmal angeschaut hatte, wie es die Leute damals nannten, der konnte ihm nicht mehr entrinnen. Viele Menschen starben auf freiem Feld, weit draußen vor den Stadtmauern.

Von einem Tag auf den anderen stand der Spielmann vor verschlossenen Häusern. Einer, der soviel herumkam wie Augustin, war allemal verdächtig, die Seuche weiter zu verbreiten! Versammlungen wurden verboten, Wirtshäuser gesperrt. In den wenigen Schenken, die ihre Türen nicht verrammelt hatten, war Augustin meist der einzige Gast. Verdrossen hockte er in der Ecke und starrte trübsinnig in den Weinbecher, den man ihm mit spitzen Fingern zugeschoben hatte. Keine Feste, keine Hochzeiten, nur noch Beerdigungen! Was für einen Sinn sollte dieses Leben noch haben?

Die Wirte waren nicht knausrig. Augustin hatte in guten Zeiten immer für volle Stuben und volle Geldbeutel gesorgt. Das vergaß man ihm nicht so schnell. Außerdem schien es klug, für das eigene Seelenheil noch eine gute Tat zu tun. Wer konnte schon wissen, ob er den kommenden Tag noch bei voller Gesundheit erleben würde oder schon vom Pesthauch gestreift war?

Weltuntergangsstimmung hatte die sonst so lebensfrohe Stadt Wien erfaßt. Die einen versoffen und verspielten, was sie hatten, die anderen vermachten ihren Besitz frommen Stiftungen. Die meisten Wiener aber hatten ohnehin kaum mehr als das, was sie auf dem Leib trugen.

Wem sollte Augustin noch aufspielen, wenn niemandem mehr nach Tanz und Gesang zumute war, sondern nur mehr nach Buße und Einkehr? Er, der früher mit seiner Sackpfeife jede Trübsal verblasen hatte, brauchte nun selbst dringend einen Seelentröster.

Augustin fand Trost und Vergessen im Wein. So verbrachte er seine Tage in leeren Schenken, stierte vor sich hin und träumte vom vergangenen Frohsinn vergangener Zeiten. Sobald der Wirt den Spielmann dann spätabends vor die Tür setzte, schleppte sich Augustin fort, irgendwohin, ohne Richtung, ohne Ziel. Wenn er auf dem buckligen Pflaster stolperte und ausglitt, blieb er einfach liegen und schlief, seinen Dudelsack eng umschlungen, auf der Gasse.

In Wien aber nahm das Sterben kein Ende. Längst kam man nicht mehr damit nach, die Leichen in einen Sarg zu legen und einzeln zu bestatten. So wurden die Pesttoten von den Pestknechten zu Dutzenden in große Gruben geworfen und mit ungelöschtem Kalk bedeckt.

In einer regnerischen Septembernacht, als Augustin seinen Rausch wieder einmal im Rinnstein ausschlief, fanden ihn die Pestknechte. „Den Augustin hat's auch erwischt!“ murmelte einer. Ein zweiter prüfte die Sackpfeife. Ob damit noch ein Geschäft zu machen war? Aber Augustins Instrument war in Wien so bekannt wie der Spielmann selbst. Wenn sich erst herumgesprochen hatte, daß auch der Sackpfeifer der Pest zum Opfer gefallen war, würde sich bestimmt kein Käufer für seine Sackpfeife finden . . .

Die Knechte warfen den reglosen Spielmann auf den randvollen Leichenwagen und den Dudelsack hinterher. Dann karrten sie ihre schaurige Fracht zur Pestgrube nächst St. Ulrich und kippten sie hinein.

Es gab ein grausiges Erwachen für Augustin am folgenden Morgen. Als er die Augen aufschlug, fand er sich zu seinem eigenen Entsetzen inmitten eines Leichenhaufens. Wohin er auch blickte – Männer und Frauen, Greise und Kinder, in Lumpen gehüllte Bettler, in Samt gewandete Bürger, alle waren tot, von der Pest dahingerafft.

Wo, zum Teufel, steckte er eigentlich? War dies ein Alptraum, aus dem es kein Erwachen gab? War es der Vorhof zur Hölle? Oder war es die Hölle selbst, in der er gelandet war?

Vorsichtig streckte der Spielmann Arme und Beine, schob eine kalte, steife Hand von sich. Schwärme von summenden Fliegen stiegen auf, Ratten huschten davon. Ekelerregender Geruch drang Augustin in die Nase.

Langsam dämmerte dem Sackpfeifer, auf welchem Lager er die Nacht verbracht hatte. Mit schreckgeweiteten Augen starrte Augustin auf Gliedmaßen, die mit schwarzen Pestflecken übersät waren, auf Gesichter, die von Eiterbeulen entstellt waren und deren glasige Blicke ins Leere gingen.

Entsetzt suchte der Spielmann nach einem Ausweg aus der Pestgrube. Doch die Wände waren zu hoch und zu glatt, um sie aus eigener Kraft erklettern zu können Aber die Sackpfeife! Sein geliebter Dudelsack war noch da! Augustin drückte das Instrument so fest an sich, daß es einen quiekenden Ton von sich gab.

Die Kirchgänger, die zur Frühmesse nach St. Ulrich eilten, trauten ihren Ohren kaum. Musik! Aber was sie hörten, war nicht der Gesang der Chorknaben, nicht das Präludium des Organisten. Die Musik kam nicht aus dem Inneren der Kirche, sondern aus der entgegengesetzten Richtung! Sie erklang aus der Pestgrube!

War es überhaupt Musik? Gequältes, jämmerliches Gedudel drang aus der Grube, Mißtöne waren zu hören, die wie Angstschreie klangen! Kein Zweifel, hier versuchte ein Lebender unter Toten, sich Gehör zu verschaffen!

Rasch war eine Leiter zur Stelle. Helfende Hände streckten sich dem Spielmann mit der Sackpfeife entgegen. Niemand dachte daran, daß er sich anstecken könnte.

Im selben Augenblick, in dem Augustin die Pestgrube verließ, kehrte auch sein Humor wieder. Lachend klopfte er den Staub von den Kleidern, ergriff sein Instrument und entlockte ihm die fröhlichsten und übermütigsten Töne. Solche Klänge hatte man in diesen schlimmen Wochen seit langem nicht mehr gehört. Augustins Musik bewirkte auf der Stelle, daß die Kirchgänger einander an den Händen faßten und auf offener Straße ein paar vergnügte Tanzschritte wagten. Ja, dem Sackpfeifer soll es sogar gelungen sein, mit seinem „Morgenständchen" zwei Scheintote zum Leben zu erwecken!

Diese erste gute Nachricht nach ständigen Botschaften des Schreckens fand überall ihre willigen und gläubigen Zuhörer. Augustins „Auferstehung" war tage- und wochenlang das Stadtgespräch von Wien. Daß einer die Nacht in der Pestgrube überlebt, Stunden Aug in Aug und Seite an Seite mit dem Schwarzen Tod verbracht hatte und trotzdem am Leben geblieben war, betrachteten die Wiener schlicht als Wunder. Leise Hoffnung keimte wieder auf. Der Schwarze Tod schien doch nicht unbezwingbar!

Der Sackpfeifer Augustin, der Frau Pest ein Schnippchen geschlagen hatte, war dafür das lebende Beispiel.

Als in Wien die Pest wütete

Einzelne Pesttote hatte es im 16. und 17. Jahrhundert immer wieder gegeben. Das beunruhigte aber die Menschen nicht mehr als andere Krankheiten, die rasch zum Tod führten. Die Pestseuche, die im Wien des Jahres 1679 so schrecklich wütete, ging vom Orient aus, wanderte über die Türkei nach Bulgarien und kam die Donau aufwärts nach Ungarn. Im Herbst 1678 trat sie bereits in Niederösterreich auf. Um die Mitte des Monats Juli 1679 breitete sie sich in Wien mit ungeheurer Schnelligkeit aus.

Am 9. August verließ Kaiser Leopold mit seinem Hofstaat Wien und flüchtete auf den Kahlenberg. Am 23. September zog er weiter nach Heiligenkreuz, und als auch in seiner Begleitung Pestfälle auftraten, reiste er am 26. September nach Mariazell und von dort dann weiter nach Böhmen. Seinen Hofstaat ließ er in Retz zurück. Im Oktober erreichte der Schwarze Tod, wie die Pest auch genannt wurde, weil sich die Haut der Kranken schwarz verfärbte, in Wien seinen Höhepunkt.

Wie groß war nun die Zahl der Opfer? 75.000, 100.000, 150.000, wie uns einzelne Berichte glauben machen wollen? Diese Angaben sind ohne Zweifel gewaltig übertrieben. Lebten doch damals bestenfalls 100.000 Menschen in Wien. Eine der letzten Untersuchungen gibt die Zahl der Verstorbenen mit 10.000 an. Das dürfte stimmen. Auch aus der Umgebung des damaligen Wien liegen Angaben vor, denen man Glauben schenken darf: In Hernals wurden 400, in Klosterneuburg über 1000, in Mauer 300, in Brunn 153 und in Ottakring 199 Pesttote gemeldet.

Wie kam es, daß sich die Pest so rasch ausbreiten konnte?

In jener Zeit war es üblich, allen Unrat, auch tote Tiere wie Hunde und Katzen, einfach auf die Straße zu werfen, und da der Kehricht aus den Häusern fast nie weggeschafft wurde, gab es genügend Seuchenherde.

Man weiß, daß es im alten Wien mehrere Musikanten mit Vornamen Augustin gegeben hat. Daß einer von ihnen gerade im Pestjahr 1679 in der Hauptstadt gelebt haben soll, ist kaum glaubhaft. Somit scheint die Sage vom „lieben" Augustin mit ziemlicher Sicherheit erfunden zu sein. Das bekannte gleichnamige Lied entstand jedenfalls erst an die hundert Jahre nach der Pestzeit und wurde für das Theater gedichtet.

Sankt Ulrich mit der Pfarrkirche „Zum heiligen Ulrich" war einst ein selbständiger Ort. Seit 1850 ist es Teil des siebenten Bezirks, Neubau.

Das Gespenst in der Stuwerstrasse

Im Wiener Prater sah es im vergangenen Jahrhundert ganz anders aus als heute. Autodrom- und Hochschaubahnen fehlten, statt der Spielautomaten gab es einen Watschenmann, und in einer langen Reihe von Holzbuden wurden beim Calafati allerlei fremdländische Tiere zur Schau gestellt.

Eine dieser hölzernen Hütten nannte sich „Affenparadies". Besitzer der Schaubude war ein gewisser Andreani. Auf engstem Raum waren in diesem trostlosen Gefängnis zwei Meerkatzen, ein Seidenäffchen und ein Schimpanse namens Sokrates untergebracht. Im Käfig befanden sich noch ein Baumstumpf, ein verschmutzter Fetzen als Liegestatt und ein verbeulter Blechnapf mit Hirsebrei. Unbenützt hingen eine Schaukel und ein Strick von der Decke des Käfigs, denn die Affen, für welche die Klettergeräte bestimmt waren, lungerten teilnahmslos in einer Ecke. Das war nun ganz und gar nicht nach dem Geschmack der Besucher. Die wollten für ihr Geld die Affen in Bewegung sehen. Sie schimpften über das faule Pack und bewarfen die vor sich hindösenden, abgestumpften Tiere mit Steinen, Erdnußschalen oder zerknülltem Papier.

Eines lauen Sommerabends schlug für den Schimpansen Sokrates ganz unerwartet die Stunde der Freiheit. Der Riegel der Käfigtür war nicht ganz vorgeschoben, und dem Affen, der den Mechanismus oft genug beobachtet hatte, gelang es, die Tür zu öffnen. Sokrates kletterte von außen an den Gitterstäben auf das Käfigdach, erreichte im Sprung die offene Lüftungsklappe und gelangte auf das Dach der Holzbude. Kurz darauf verschwand er in einer dichten Baumkrone.

Dort blieb er zunächst, abwartend, mit vor Aufregung wild klopfendem Herzen, bis die Dunkelheit hereingebrochen war. Langsam versiegte der Menschenstrom zwischen den Schaubuden und Vergnügungsstätten. Die Leierkästen der Werkelmänner verstummten. Die lärmenden Drehorgeln wurden abgeschaltet, und die Lichter verlöschten, eins nach dem anderen. Sokrates kletterte aus der Baumkrone auf einen Lattenzaun und betrat die menschenleere Straße. Der Schimpanse ließ sich auf alle viere nieder und fiel in einen Trab, der ihn rasch voranbrachte. Wohin er fliehen wollte, wußte er nicht. Er spürte nur, daß er frei war, und diese Freiheit wollte er weidlich ausnützen.

Als er einen Park mit hohen alten Bäumen erreichte, zögerte er. Sollte er hier den Rest der Nacht verbringen? Auf einem kleinen Platz hielt er schließlich an. Hier befanden sich die Buden und Holzgerüste der fahrenden Händler, und im tiefen Schatten der Marktstände fand Sokrates allerlei welkes Gemüse, halbverfaulte Bananen und harte Semmelreste. Hier stillte der Schimpanse nach der geglückten Flucht seinen ersten Hunger.

Mitten in seiner Mahlzeit wurde der Affe jedoch von einem großen Hund aufgestört, der das fremde Tier ohne Vorwarnung mit einem wütenden Knurren angriff. In letzter Sekunde gelang es Sokrates, den Hundezähnen zu entwischen. Über eine Dachrinne kletterte er eine Hauskante hoch, immer höher, während unter ihm der Hund wie verrückt tobte, heulte, winselte und bellte. Als jemand aus der Haustür trat, um nach der Ursache der nächtlichen Ruhestörung zu forschen, war von dem Schimpansen nichts mehr zu sehen. Sokrates war in einem offenen Dachfenster des vierstöckigen Wohnbaues verschwunden.

Die Aufregung war groß im Mietshaus in der Stuwerstraße. Es hatte sich etwas ereignet, was hier noch nie zuvor geschehen war. Das Unheimliche an der Geschichte war, daß sich kein Mensch die merkwürdigen Vorfälle erklären konnte.

Im Flur trafen die Mieter zusammen, um sich gegenseitig die neuesten Vorfälle zu berichten.

„Da mach' ich einen Marmorkuchen", übertönte Frau Blaschke alle anderen Stimmen, „sechs Eier hab' ich dazu genommen, für meine Gäst'; stell' den Kuchen aufs Fensterbrett, dreh' mich um, will den Staubzucker holen, und wie ich zurückkomm', ist der Kuchen verschwunden! Einfach weg! Nur der leere Teller steht auf dem Fensterbrett! Und das im vierten Stock!"

„Was Sie nicht sagen", warf Frau Niemetz ein, als Frau Blaschke kurz Luft holte.

„Natürlich hab' ich gleich aus dem Fenster g'schaut. Aber da war nix! Nix und niemand!"

„Bei uns war's so", schaltete sich Frau Michorl ein: „Mein Mann kommt heim von der Nachtschicht, legt sich ins Bett und will sich schon die Decke über die Ohren ziehn – da sieht er im Fenster eine Hand, eine brennrote Hand! Er tut einen Schrei, ich stürz' ins Zimmer und seh' g'rad noch, wie uns die Hand ein Zeichen gibt. Meiner Seel', 's ist wirklich wahr!"

„Und bei Ihnen?" drängte Frau Niemetz. „Wie war's bei Ihnen, Frau Adamek?"

Frau Adamek, die Hausbesorgerin, berichtete den entsetzten Zuhörerinnen, daß sie Wäsche zum Trocknen auf den Dachboden gehängt habe. „Aber wie ich hinaufkomm', liegt alles auf der Erd'! Die Wäsch' liegt im Eck, alles voll Schmutz, und schwarze Händ' drauf; alles voll schwarzer Händ'!"

„Schwarze?" Frau Michorl zweifelte. Sie wies nochmals darauf hin, daß ihr Mann und sie keine schwarze, sondern eine rote Hand gesehen hätten, doch das löste das Rätsel natürlich auch nicht.

Warum, wenn hier ein Fassadenkletterer am Werk war, hatte er sich nicht eine Villa in Hietzing ausgesucht, sondern ein

Mietshaus im zweiten Bezirk? Hier wohnten doch keine reichen Leute!

In den folgenden Tagen griff der Spuk auch auf die Nachbarhäuser über. In abgesperrten Räumen geschahen seltsame Dinge. Vasen, die von Tischen gefegt worden waren, lagen zerbrochen auf dem Boden, Stühle und Stehlampen wurden umgeworfen, Vorhänge hingen in Fetzen von den Gardinenstangen. Küchenschubladen standen offen. Spiegel waren zu Bruch gegangen oder hatten Sprünge davongetragen.

Die Polizei wurde eingeschaltet. Man vernahm alle Leute, denen etwas beschädigt, gestohlen worden war oder die etwas vermißten. Es waren ihrer ziemlich viele, und die Liste wurde täglich länger. Sorgfältig untersuchten die Polizisten Räume, Wohnungen und Häuserfronten. Es stellte sich heraus, daß dort, wo das Phantom eingedrungen war, immer ein Blitzableiter, ein Sims oder eine Dachrinne zu einem offenen Fenster führte. Das war eine wichtige Beobachtung. Es schien sich um einen Einbrecher zu handeln, der gleichzeitig ein ausgezeichneter Kletterer sein mußte, vielleicht waren es auch mehrere.

Polizisten in Zivil mischten sich unter die Passanten und streiften unauffällig um den Häuserblock. Sie tauchten in den Stiegenhäusern auf und verschafften sich Zugang zu den Dachböden. Nachts blitzten Scheinwerfer auf und bestrichen die Hausdächer. Doch der Spuk ging weiter. Die Polizei kam jedesmal zu spät. Wenn sie an Ort und Stelle eintraf, war alles vorbei, ohne daß es irgendwelche Zeugen für die geheimnisvollen Vorfälle gab. Die Leute in der Stuwerstraße waren ziemlich beunruhigt.

Ein junger Polizeibeamter vom Kommissariat im zweiten Bezirk brachte schließlich Licht in das verwirrende Dunkel der Ungewißheit. Er erinnerte sich daran, daß ein paar Tage zuvor ein gewisser Herr Andreani einen Schimpansen als gestohlen gemeldet hatte. Und siehe da – alle Beobachtungen und Spuren fügten sich auf einmal wie Mosaiksteinchen zu einem Bild zusammen. Die Polizei konnte endlich die Leute in der Stuwerstraße beruhigen – und gleichzeitig informieren, daß Andreani eine Belohnung von hundert Kronen für denjenigen ausgesetzt hatte, der das Tier heil in den Prater zurückbringen würde.

Nun setzte eine beispiellose Jagd ein. Frau Blaschke, deren Koch- und Backkünste im ganzen Haus gerühmt wurden, verfiel auf die Idee, eine Malakofftorte mit Rum zu tränken. Ein beschwipster und halb betäubter Schimpanse, dachte sie, müßte wohl um vieles leichter einzufangen sein als ein nüchterner. Ebenfalls auf die Wirkung des Alkohols setzte Frau Adamek, die Hausmeisterin. Sie stellte eine Flasche Slibowitz deutlich sichtbar auf ihrem Dachboden auf. Frau Michorl baute eine raffinierte Kistenfalle, deren schwerer Deckel zuschlagen mußte, sobald der Affe nach den ausgelegten Erdnüssen griff. Frau Niemetz befestigte Flaschen mit Ködern auf dem Dachboden, in deren weiten Hälsen Sokrates mit der Hand steckenbleiben sollte, wenn er nach den eingelegten Bananen angelte. Die Phantasie der Leute aus der Stuwerstraße kannte keine Grenzen. Jede und jeder wollte sich die hundert Kronen verdienen.

Doch der Schimpanse erwies sich als klüger, als die Leute dachten, und der erste Jagdeifer der Mieter wich bald einer großen Ratlosigkeit. War es wirklich ein gewöhnlicher Affe, dem sie nachjagten, oder ein vernunftbegabtes Phantom? Ein Gespenst, das alle narrte, das die Köder den Fallen entnahm, ohne daß sie zuschnappten? Die Rumtorte verschwand, die Schnapsflasche wurde geleert, doch Affe ließ sich keiner fangen. Den reich gedeckten Gabentisch auf den Dachböden der Stuwerstraße hatten nämlich auch andere für sich ausfindig gemacht. Dort, wo die rumgetränkte Malakofftorte gestanden war, torkelten betrunkene Tauben und Spatzen umher, und neben der leeren Slibowitzflasche fand sich ein schlafender Rauchfangkehrer, der sich lange nicht wecken ließ.

Zur Ehre der Wiener Rauchfangkehrer sei aber gesagt, daß es einer von ihnen war, der die einzig taugliche Idee entwikkelte, wie man Sokrates wieder einfangen könne. Der Rauchfangkehrermeister, der auf Nummer 43 wohnte, beauftragte einen Schulbuben, den Schimpansen ein paar Tage lang genau zu beobachten und sich seine Gewohnheiten einzuprägen. Zu diesem Zweck rüstete er den Jungen mit einem alten Operngucker aus.

Als man Sokrates' Versteck kannte, seine täglichen Wege von einem Dachboden zum anderen, seine Rast- und Ruheplätze, schritt der Rauchfangkehrer an einem Sonntagmorgen zur Tat. Zu dritt bezogen sie Stellung: der Meister und seine beiden Lehrbuben, ausgerüstet mit zwei Netzen und einem Seil.

Tatsächlich gelang es ihnen, den Schimpansen in die Enge zu treiben. Als ein Fänger vor, der andere hinter dem Affen auftauchte und ihm ein dritter den Weg durch ein geöffnetes Dachfenster abschnitt, blieb Sokrates nur mehr die tollkühne Flucht über ein gläsernes Schrägdach. Zufällig stand dort eine Lüftungsklappe offen, und in der verschwand Sokrates, noch ehe seine Häscher ihr Netz nach ihm auswerfen konnten.

Der Maler Augustin Raffelberger zählte nicht gerade zu den bekannten Künstlern im Wien der Jahrhundertwende. Sonst hätte er wohl ein Atelier in der Innenstadt und nicht ein Dachgeschoßzimmer in der Stuwerstraße bewohnt. Ja, Raffelberger selbst hätte sich nicht einmal diese bescheidene Kammer leisten können, wenn nicht ein Gönner für die Miete aufgekommen wäre. Der Raum war für den Maler Atelier, Schlaf-, Wohnzimmer und Küche in einem.

An jenem Sonntagmorgen lag Augustin Raffelberger noch in tiefem Schlummer, als ihn ein dumpfes Geräusch aus seinen Träumen riß.

„Wer ist da?“ rief der Maler und setzte sich benommen in seinem Bett auf. Hatte jemand geklopft? War die Staffelei umgestürzt? Keine Antwort.

Raffelberger sah sich um. Er bemerkte nichts Auffälliges. Schon wollte er sich wieder die Decke über den Kopf ziehen, um weiterzuschlafen, da hörte er gedämpfte Schritte. Sie kamen weder von draußen noch von drinnen, sondern von oben, vom Glasdach her. Dort bewegte sich ein Schatten, daneben ein zweiter.

Das war ja unerhört! Die halbe Nacht hatte er an einem Bild gemalt, vielleicht auch ein Glas dabei zu viel getrunken, und jetzt trampelten da oben zwei Leute auf dem Glasdach und störten ihn in seiner verdienten Ruhe!

„Was ist denn los? Verschwindet gefälligst von dort oben, sonst mach’ ich euch Beine!“ schrie der Maler.

„Aber der Aff’! Der Aff’ ist da hinein zu Ihnen!“ kam eine Stimme durch die Lüftungsklappe.

Der Aff’? Raffelberger griff sich an den schmerzenden Kopf. Ja, er hatte etwas gehört von diesem Affen, hinter dem anscheinend die ganze Stuwerstraße her war. Raffelberger rieb sich die Augen und sah sich in seiner Werkstatt um. Richtig, dort in der Ecke, hinter der Staffelei hockte eine schemenhafte Gestalt wie ein kleines, dunkles Gespenst und starrte mit weit aufgerissenen Augen auf den Maler. Der überlegte rasch. So einfach hätte er sich noch nie im Leben hundert Kronen verdient. Aber wäre das anständig den beiden Rauchfangkehrerbuben gegenüber, die sich da an einem Sonntagmorgen in aller Herrgottsfrüh auf halsbrecherische Weise die Kopfprämie verdienen wollten? Und war es überhaupt anständig diesem verschreckten Tier gegenüber, es an seinen Besitzer auszuliefern, dem es gewiß nur entflohen war, weil es sich in der Gefangenschaft nicht wohlgefühlt hatte?

Der Maler legte den Kopf in den Nacken und die Hände vor den Mund. „Hier ist kein Aff'!" schrie er hinauf.

„Aber er ist da hinein", beharrte einer der Affenjäger.

„Hier ist kein Aff', und hier war nie ein Aff'! Wie oft soll ich dir das noch sagen! Jetzt verschwinde da oben, sonst muß ich noch die Polizei holen! Das ist ja Hausfriedensbruch!"

Enttäuscht zogen die beiden Lehrbuben ab. Als der Rauchfangkehrermeister persönlich mit Raffelberger sprechen wollte, war die Lüftungsklappe schon geschlossen. Der Maler zog die Rollos vor, so daß sein Atelier vor allen fremden Blicken sicher war, und sah nach seinem Gast, der ihn so überraschend besucht hatte.

Lang standen sie einander gegenüber, unsicher beide, als wüßten sie nicht recht, wie sie sich verhalten sollten. Schließlich nahm der Maler einen Apfel und reichte ihn dem Schimpansen. Der ergriff die Frucht und biß herzhaft hinein. Das war der Anfang einer langwährenden Freundschaft.

Der Künstler hatte inzwischen zur Zeichenkohle gegriffen und hielt mit raschen Strichen den schmausenden Affen auf seinem Skizzenblock fest.

Es war nicht einfach für den Maler, seinen kleinen Untermieter vor den Leuten geheimzuhalten. Aber Sokrates war klug. Er hatte sofort begriffen, daß er ein heimlicher Gast war und sich nicht blicken lassen durfte. Der Schimpanse wußte genau: Wenn es klopfte, dann hatte er zu verschwinden. Zu diesem Zweck hatte ihm Raffelberger einen Strick mit mehreren Knoten an der Lüftungsklappe befestigt. Den erkletterte Sokrates in Sekundenschnelle und war schon auf dem Glasdach, bevor der Maler noch die Wohnungstür geöffnet hatte. War die Klappe aber einmal geschlossen, blieb Sokrates regungslos hinter dem Bett oder unter einer Decke liegen, bis der Besuch wieder gegangen war.

Aber der Maler wußte nur zu gut, daß es nicht für immer so

bleiben konnte. Noch war Sommer, ein schöner, warmer, trockener Sommer, wie geschaffen für ein Affenleben auf den Dächern der Stadt. Aber so konnte es nicht weitergehen. Zum einen wurde es für den Maler, der ständig in Geldnot war, immer schwieriger, das Futter für Sokrates zu beschaffen. Die Marktfrauen sahen ihn schon so sonderbar an, wenn er sie nach günstigen weichen Äpfeln oder welken Salatblättern fragte. Und zum zweiten ließ es sich wohl auf die Dauer vor dem Hausherrn und den anderen Mietern nicht verheimlichen, daß der Maler mit einem Schimpansen zusammenlebte.

Eines Morgens klopfte es an der Tür zum Dachatelier. Der Maler öffnete rasch die Lüftungsklappe, und Sokrates kletterte an dem Strick hoch. Aber eben in diesem Augenblick, als er den Kopf ins Freie stecken wollte, fiel die Klappe plötzlich zu, und der Weg auf das Dach war versperrt. Sokrates sprang aus der Höhe herab, um sich ein anderes Versteck zu suchen, doch da war auf einmal Frau Adamek im Raum, die Hausbesorgerin, die jeden Monatsersten die Rechnung für die Miete überbrachte.

Aug in Aug stand Sokrates Frau Adamek gegenüber. Dann stieß die Hausbesorgerin einen schrillen Schrei aus, als wäre der Schimpanse der Teufel in Affengestalt. Es war ein Schrei, wie ihn das Haus in der Stuwerstraße wohl noch nie gehört hatte. Gleichzeitig ergriffen beide, Affe und Adamek, die Flucht. Schreiend erreichte die Hausbesorgerin die Tür. „Der Aff'! Marantjosef, der Aff'!“ keuchte sie entsetzt.

Raffelberger sprang ihr nach, erwischte sie eben noch am Schürzenband und hielt sie fest. „Was schrein S' denn so, Frau Adamek? Sie verängstigen ja mein Modell!“

„Verängstigen? Und was ist mit meiner Angst? Was ist, wenn mich der Herzschlag trifft?“

Der Künstler drückte die bleich gewordene Frau in den einzigen Sessel, der im Raum stand, und erzählte ihr, wie er und Sokrates zueinander gefunden hatten.

„Und die hundert Kronen, Herr Raffelberger? Die könnten S' doch gut gebrauchen. Sie besonders!" sagte die Hausbesorgerin lauernd.

„Was sind schon hundert Kronen", antwortete der Maler. „Gut, ich kann mir damit ein paar schöne Tage, vielleicht eine Woche machen. Aber dieses Tier dafür seinem Unglück ausliefern? Frau Adamek, ich bitte Sie zu schweigen! Hier, nehmen Sie dieses Bild. Ich schenke es Ihnen, aber schweigen Sie!"

Die Hausbesorgerin betrachtete das Bild ohne besondere Begeisterung. Dann verließ sie die Dachkammer des Malers.

Nun, die Schweigepflicht gilt für Priester, für Ärzte, aber sie gilt nicht für Hausbesorgerinnen. Schon am nächsten Tag erkundigte sich Frau Michorl teilnahmsvoll, ob es wirklich stimme, daß der Maler schon tagelang mit einem Affen unter dem Dach lebe. Die Prämie sei Herrn Raffelberger ja wirklich zu gönnen. Wie viele Bilder er doch malen müsse, um hundert Kronen zu verdienen; und mit dem Malen sei es nicht getan: Die Bilder müßten ja auch noch verkauft werden ...

Am übernächsten Tag wußte es das ganze Haus. Es dauerte nicht lang, da meldete Andreani seinen Besuch an. Als er an die Tür der Dachkammer klopfte, wollte Sokrates wieder durch die Lüftungsklappe davon.

„Bleib, Sokrates", sagte der Maler. „Das Versteckspiel hat ein Ende."

Andreani betrat freudestrahlend Raffelbergers Atelier und streckte dem Maler beide Hände überschwenglich entgegen, als wolle er ihn an die Brust drücken und abküssen. „Ich danke Ihnen vielmals, Signore", rief er und legte mit großer Geste einen Zehnkronenschein auf den Tisch. „Hier ist eine Anzahlung auf die versprochene Belohnung."

Dann ging er, ohne sich weiter um Raffelberger zu kümmern, auf den Affen zu, der zusammengekauert in einer Ecke hockte. Andreani nahm eine dünne Kette aus der Tasche, an der ein

Riemen befestigt war, und legte sie dem Affen um den Hals. Sokrates ließ es geschehen. Aber als er merkte, daß Andreani mit ihm die Dachkammer verlassen wollte und Raffelberger zurückblieb, begann er kläglich zu schreien. Er heulte und kreischte, schnitt Grimassen und streckte beide Arme nach dem Maler aus, als ob er ahnte, daß nun die schönste Zeit seines Lebens vorüber sei. Aber was nützte es! Auf dem Arm trug Andreani seinen Schimpansen fort durch das Spalier der neugierigen Mieter, die das Stiegenhaus von der Dachkammer bis zum Erdgeschoß säumten.

Als die Tür ins Schloß gefallen war, blieb Augustin Raffelberger lange in seinem einzigen Sessel sitzen. Zehn Kronen lagen auf dem Tisch – aber der Maler rührte sie nicht an. Das Geld kam ihm vor wie ein Judaslohn, für den er den armen Sokrates verkauft hatte. Aber war dem Künstler eine andere Wahl geblieben?

Am folgenden Tag ging Raffelberger in den Prater, die Taschen seines einzigen Gehrocks voll mit guten Dingen, wie er sie für sich selbst nie gekauft hätte. Sein Weg führte ihn zu den Schaubuden der Tierbesitzer. Fassungslos stand der Maler vor den elenden, engen Käfigen. Erschüttert betrachtete er die Affen, die freudlos in ihren Winkeln kauerten. In einer Ecke, angekettet und von den übrigen Tieren abgeschieden, hockte Sokrates. Als ihn der Maler anrief, ging das Erkennen wie ein Aufleuchten über die Züge des Schimpansen. Er richtete sich auf, kam an das Gitter, griff zwischen den Stäben hindurch und drückte Raffelberger so fest an sich, als ob er ihn nie wieder weglassen wollte. Die anderen Affen waren inzwischen über die mitgebrachten Gaben hergefallen; Sokrates kümmerte sich nicht darum. Ihm war einzig und allein der Mann wichtig, der da gekommen war und den er nicht losließ in der Hoffnung, er würde ihn wieder zu sich nehmen.

In diesem Augenblick faßte der Maler einen Entschluß. Er

löste sich behutsam aus der Umklammerung des Schimpansen und trat auf den Budenbesitzer zu, der die Szene aus einiger Entfernung mit Unbehagen beobachtet hatte.

„Mein Herr“, rief Raffelberger, seine Gestalt straffte sich und seine Augen blitzten. „Ich nehme an, daß sie ganz gut verdienen mit dem Unglück dieser halbverhungerten Tiere. Bestimmt um einiges besser als ich. Aber nie, Herr Andreani, nie würde ich es über mich bringen, auch nur einen Heller auszugeben, den ich auf diese Weise verdient hätte. Ihr Geschäft ist die Tierquälerei. Ich werde dagegen Schritte unternehmen – seien Sie versichert!“

Zwei Tage später wurde der Maler vom Präsidium des k. u. k. Tierschutzvereins empfangen. Blaß und übernächtig stand Raffelberger vor den Männern, aber sein Bericht war eindrucksvoll genug und überzeugte. Bildhaft schilderte er, mit Zornestränen in den Augen, die erschreckenden Zustände im „Affenparadies“.

„Diese bedauernswerten Geschöpfe“, schloß der Maler, und seine Stimme bebte vor Empörung, „denen unser ganzes Mitgefühl gelten muß, leben nicht in einem ‚Affenparadies‘ sondern, im Gegenteil, in der Affenhölle, aus der es kein Entkommen für sie gibt. Ich bitte Sie eindringlich, Herr Präsident, setzen Sie diesem unwürdigen Treiben ein Ende!“

Überraschend traf die Kommission des Tierschutzvereins am folgenden Morgen im Prater ein und besuchte die Schaubude des Herrn Andreani. Der Maler hatte nicht übertrieben. Die Käfige waren zu eng und stark verschmutzt, die Insassen verwahrlost, von Läusen und Flöhen befallen und unterernährt. Andreanis Versprechen, daß sich alles zum Besseren wenden würde, nützte nichts. Das „Affenparadies“ wurde geschlossen, die Firma aufgelöst.

Der Tierschutzverein kaufte Andreani die Affen zu einem fairen Preis ab. Aus der Schaubude im Wiener Prater übersiedelte Sokrates mit seinen Leidensgenossen in den Tiergarten nach Schönbrunn. Dort gab es nicht nur ein Affenhaus, das geräumig und sauber war, dort gab es auch erfahrene Wärter, von denen die Tiere mit Verständnis betreut wurden.

Der Maler Augustin Raffelberger brachte es doch noch zu einer gewissen Bekanntheit – nicht seiner Bilder wegen, die sich genau so schlecht verkauften wie eh und je, sondern wegen seiner regelmäßigen Besuche im Tiergarten. Einmal pro Woche stellte er sich ein, von Sokrates stürmisch begrüßt, bedachte seinen Schützling stets mit besonderen Leckerbissen und verweilte dann lange Zeit bei dem Tier, das ihm zum besten Freund geworden war. Ja, der Maler erreichte beim Leiter des Tiergartens schließlich sogar, daß Sokrates den Käfig verlassen und jeweils für eine Stunde gemeinsam mit dem Maler im Tierpark spazierengehen durfte. Ein Bild, das jedesmal für großes Aufsehen unter den Zoobesuchern sorgte: Der Künstler und der Menschenaffe, einträchtig Hand in Hand beim Bummeln durch den Schönbrunner Tiergarten.

Als die Wiener „Affen schaun" gingen

In früheren Zeiten kamen viele Wiener ihr ganzes Leben nicht aus der Stadt hinaus. Man kann sich vorstellen, mit welchem Staunen solche Menschen fremdländischen Tieren begegneten – ob im Prater oder in Schönbrunn oder im Zirkus. „Gehn ma Affen schaun!" war eine beliebte Sonntagsbeschäftigung für die ganze Familie.

Im Zeitalter der Fernreisen, in dem immer mehr Menschen Löwen, Giraffen und Elefanten auf Safari in freier Wildbahn und aus nächster Nähe erleben können, ist ein Tiergarten vielleicht schon ein Stück Geschichte, das sich selbst überlebt hat. Heutzutage kann den Zoos wohl nur mehr die Aufgabe zufallen, Tierarten, die in ihrer Heimat bedroht sind, ein neues Zuhause zu bieten.

In früheren Zeiten hatte der Schönbrunner Tiergarten einen guten Ruf. Er galt in ganz Europa als zeitgemäß und zweckmäßig.

Die Idee, seinen Untertanen seltsame und fremde Tiere vorzuführen, hatte ja bereits Kaiser Maximilian II. gehabt. Den ersten Tiergarten Wiens richtete er im Neugebäude ein. Die Sage von der „Löwenbraut" erzählt davon. Als sich nach dem Triumph über die Türken Prinz Eugen sein Schloß Belvedere erbauen ließ, wurden auch ein Park mit seltenen Pflanzen und eine Menagerie, ein Tiergarten, errichtet. Darin befand sich ein Löwe, der in derselben Nacht verendete, als der Prinz starb. Die Tiere übersiedelten nach dem Tod Prinz Eugens in die neu errichteten Gehege des Tiergartens bei Schloß Schönbrunn.

Heute ist gerade dieser Zoo, der als der älteste der Welt gilt, ins Gerede gekommen. Viele Tierarten können nicht den neuen Erkenntnissen der Tierhaltung entsprechend gehalten werden. Eine umfassende Modernisierung würde aber sehr viel Geld verschlingen.

Das Agnesbrünnl

Vor vielen, vielen Jahren, als Wien noch ein kleines Städtchen war, lebte im Wald am Hermannskogel ein Kohlenbrenner. In seinem Kohlenmeiler erzeugte er aus Holz Braunkohle.

Der Mann wollte einmal am Rand der heutigen „Jägerwiese" Holz fällen. Auf der Suche nach einem geeigneten Baum kam er zu einer alten Eiche. Eine gute Weile überlegte er, ob er sie umhacken solle, ließ es aber doch bleiben. Der prächtige Baum war so schön gewachsen, daß er beschloß, lieber einen anderen auszusuchen. Schon wollte sich der Köhler zum Gehen wenden, da stand – wie aus dem Boden gewachsen – eine weißgekleidete Fee vor ihm. Freundlich lächelnd sagte sie: „Ich danke dir, Kohlenbrenner, daß du meinen Lieblingsbaum verschont hast. Es soll nicht zu deinem Schaden sein! Nimm dir dafür, was du hier in der Nähe finden wirst, und dein Glück ist gemacht!"

Kaum war ihr letztes Wort verklungen, war die Fee auch schon wieder verschwunden. Der Kohlenbrenner kratzte sich nachdenklich am Ohr. Er wußte nicht recht, was er von der Sache halten sollte. Nach wenigen Schritten hörte er aus einem nahen Gebüsch klägliches Wimmern. Als er sich bückte und die Äste auseinanderbog, sah er auf dem Waldboden ein weinendes Mädchen sitzen. Es konnte nicht älter als fünf Jahre sein. Der Mann hatte Mitleid mit dem Findling; er hob das Kind auf und trug es behutsam nach Hause. Als er mit dem kleinen Mädchen am Arm in die bescheidene Stube trat, war seine Frau sehr erstaunt.

„Ich hab' sie in einem Gebüsch im Wald gefunden", erklärte der Köhler, und dann erzählte er seiner Frau von der Begegnung mit der Fee und was sie zu ihm gesprochen hatte. Da

beschlossen die Köhlersleute, den Findling zu behalten und ihn mit derselben Liebe aufzuziehen wie ihr eigenes Kind, den kleinen Karl.

In der folgenden Nacht erschien die weiße Gestalt dem Köhler zum zweiten Mal, diesmal im Traum. Sie trat an seine Bettstatt und flüsterte ihm zu: „Das Kind, das du gefunden hast, ist meine Tochter. Nenne sie Agnes und sei ihr ein guter Pflegevater! Dafür will ich über euch alle meine schützende Hand halten.“

So blieb das Findelkind im Haus der Köhlersleute. Sie behandelten Agnes, als wäre sie ihre leibliche Tochter, und mit den Jahren wuchs Agnes zu einem schönen Mädchen heran. Das echte Kind der Kohlenbrenner, der Karl, mochte seine Ziehschwester gut leiden. Oft spielten die Kinder unter der breiten

Krone der alten Eiche, die zu fällen der Köhler nicht übers Herz gebracht hatte. Die Weissagungen der Fee gingen wirklich in Erfüllung. Jedes Holzstück verwandelte sich in pures Gold, sobald Agnes es berührte. Es dauerte nicht lang, und die Kohlenbrenner wurden reiche Leute. Sie wurden so reich, daß sie sich neben der Eiche ein prächtiges Schlößchen erbauen ließen.

Agnes und Karl waren erwachsen geworden, hatten sich verlobt und sprachen von Heirat. Die gute Fee wollte dem braven Burschen noch vor der Hochzeit zu hohen Ehren verhelfen, darum erschien sie auch ihm im Traum und sagte: „Wenn du morgen früh zur Eiche gehst, wirst du in ihrem Geäst einen Harnisch und ein Schwert finden. Am Fuß des Baumes wird ein Roß auf dich warten. Lege die Rüstung an, nimm das Schwert und zieh ins Heilige Land! Dort kämpfe gegen die Ungläubigen. Als gefeierter Held wirst du bald nach Hause zurückkehren!"

Am nächsten Morgen konnte es Karl kaum erwarten, die alte Eiche aufzusuchen. Und wirklich, da stand ein Pferd, und in den unteren Ästen des Baumes hingen Rüstung und Schwert! Der Kohlenbrenner-Karl legte den Harnisch an, gürtete sich die Waffe um und kehrte mit dem Roß am Zügel zu Agnes zurück. Das Mädchen war sehr erstaunt, als es den zum Kampf gerüsteten Verlobten erblickte. „Was hat das zu bedeuten, Karl?" fragte Agnes verwundert.

„Ich werde – wie viele andere tapfere Männer auch – gegen die Heiden streiten", antwortete er. „Sorge dich nicht um mich; ich kehre bald zurück. Dann wollen wir Hochzeit halten." Daraufhin nahm er zärtlich Abschied von seiner Braut und seinen Eltern, bestieg das Roß und ritt davon.

Lange Zeit verstrich, und die Kohlenbrenner hörten nichts von ihrem Sohn. Agnes wartete mit großer Ungeduld im Herzen auf ihren Verlobten. Doch der hatte es nicht eilig, heimzukehren. In der Fremde hatte er ein anderes Mädchen kennengelernt, das ihm außerordentlich gut gefiel. An seine Braut dachte er kaum mehr. Erst, nachdem viele Monate vergangen waren, kam der Sohn des Köhlers in seine Heimat zurück. Die Eltern empfingen ihr Kind mit großer Freude. Agnes, die sich um Karl große Sorgen gemacht hatte, war überglücklich. Doch bald mußte sie merken, daß sich ihr Verlobter verändert hatte. Er wich ihren Blicken aus, war voller Unruhe und tauschte keine Zärtlichkeiten mit ihr aus. Schließlich bat Agnes ihren Verlobten, mit ihr zur alten Eiche zu gehen, unter der sie als Kinder so oft miteinander gespielt hatten. Als sie den Baum erreicht hatten, faßte sich das Mädchen ein Herz und stellte Karl zur Rede. „Du bist nicht mehr derselbe wie früher! Hast du mich denn nicht mehr lieb?"

Der Köhlerssohn fand nicht den Mut, Agnes die Wahrheit zu gestehen. „Es ist, weil ich noch einmal von hier fort muß", beschwichtigte er das Mädchen. „Ich kann noch nicht bleiben. Aber wenn ich das nächste Mal komme, dann werden wir Hochzeit halten, so wahr ich hier stehe!"

Die Lüge war ihm kaum über die Lippen gekommen, da bebte die Erde mit furchtbarem Getöse. Ein riesiger Spalt tat sich auf, die beiden jungen Menschen, die Eiche, das prachtvolle Schlößchen und die Kohlenbrenner verschwanden allesamt in der Tiefe. Was zurückblieb, war eine Grube, die sich langsam mit Wasser füllte.

Die Wiener aber, die bei ihren Besuchen auf der Jägerwiese zu ihrer Verwunderung nichts anderes vorfanden als eine Vertiefung im Boden und eine sprudelnde Quelle, nannten diese das „Agnesbrünnl". Weil die Quelle auf unerklärliche Weise entstanden war, dachten viele Leute, daß die Quelle auch geheimnisvolle Kräfte besitze, und tranken das Wasser, um jung und gesund zu bleiben.

Als dann zur Zeit der Kaiserin Maria Theresia das Zahlenlotto eingeführt wurde, behaupteten einige Leute, auf dem Grund des Brünnleins, zwischen Kies und Sand, hätten sie Glücksnummern gesehen. Diese Nachricht verbreitete sich wie ein Lauffeuer in Wien, und bald wanderten ganze Scharen von Wienern an Sonn- und Feiertagen, aber auch am Dreikönigs-, Karfreitag, Johannistag und am Namenstag der heiligen Agnes zu dem Brünnlein am Nordhang des Hermannskogels, um sich mit dem heilkräftigen Wasser die Augen zu waschen oder am Grund der Quelle nach Glücksnummern zu suchen. Wahrsagerinnen fanden sich am Brünnl ein, um einen Blick in die Zukunft zu werfen oder Heilmittel anzubieten, und erzählten etwas von einem geheimnisvollen grünen Tor, das unter dem Wasser zu einem versunkenen Schloß führe. Manchmal übernachteten Leute sogar in der Nähe des Agnesbrünnls, um am Morgen als erste bei der Quelle zu sein und die Glücksnummern früher zu erfahren als andere, die später kamen. Wenn sie nicht einschlafen konnten, erzählten sie einander allerlei Geschichten über Agnes und Karl. Von Karl behaupteten sie, daß er keine Ruhe fände bis zum Jüngsten Tag. Um Mitternacht könne man ihm manchmal begegnen. Von überirdischem Licht umflossen reite er auf feuerschnaubendem Pferd über die Jägerwiese. Wer ihn antreffe, dürfe damit rechnen, ein Goldstück von ihm zu erhalten. Damit wolle der Kohlenbrenner-Karl seine Schuld tilgen . . .

Eines Tages ging eine Frau aus Sievering mit ihrem kleinen Mädchen zu dem Brünnl. Insgeheim hoffte sie, dort den Ritter zu treffen, denn sie war in großer Not. Lange saßen Mutter und Tochter bei der Quelle, doch niemand erschien. Gegen Abend schlief das Kind ein; die Mutter wachte. Als sie von einem fernen Kirchturm die Mitternachtsstunde schlagen hörte, trabte ein Reiter aus dem Wald. Sein Pferd glänzte hell wie die Sonne und tauchte die ganze Wiese in seltsames Licht.

„Was suchst du hier?“ fragte der Ritter die Frau mit strenger Stimme.

„Holz", antwortete die Arme, die sich schämte, die Wahrheit zu sagen.

„Nimm das", sprach der leuchtende Ritter, brach ein Stück Holz von einem dürren Eichenast und drückte es der Frau in die Hand. Das Holz schien morsch zu sein. Die Frau betrachtete es nicht näher, sondern steckte es verlegen in ihren Sack. Als sie aufsah, waren Reiter und Pferd verschwunden, und es war wieder dunkle Nacht. Nun erst, da ihr bewußt wurde, daß sie ganz allein mit ihrem Kind zu später Stunde im finsteren Wald hockte, überkam sie die Angst. Sie nahm das schlafende Kind auf den Arm und lief nach Hause. Schweißgebadet kam sie zu Hause an. Nie wieder, nahm sie sich vor, würde sie beim Agnesbrünnl übernachten!

Am anderen Tag nahm sie das Holzstück, das ihr der Reiter gegeben hatte, aus ihrer Tasche. Es war zu purem Gold geworden! Da begab sich die Frau noch mehrere Male zu später Nacht zum Agnesbrünnl. Vergeblich – der wohltätige Ritter erschien ihr nie wieder.

Als die Wiener ihr Glück im Lotto machen wollten

Am Hang des Hermannskogels im 19. Bezirk, Döbling, entspringt eine Quelle, die schon seit alter Zeit als heil- und wundersam galt und auch Jungfrauenbrünnl genannt wurde. Als 1752 das Zahlenlotto aufkam, wanderten Scharen von Wienern zum Agnesbrünnl, wie es jetzt genannt wurde, weil sie meinten, am Grund des Quellbeckens die Nummern zu sehen, die zu Haupttreffern wurden. Besonders am Tag der heiligen Agnes (21. Jänner) und an jenem der Enthauptung des heiligen Johannes (29. August) kamen die Wiener in Massen. Einmal sollen es sogar 15.000 gewesen sein.

In dieser Sage ist vieles miteinander verknüpft, was die Herzen einfacher Menschen bewegte: der Fluch der Fee, Kindesweglegung, verratene Liebe, der Wunsch nach Reichtum.

Die Eiche, von der in der Sage die Rede ist, war allerdings – eine Buche. Sie wurde 1817 gefällt.

Der Schatz im Lehnstuhl

Man schrieb den 1. Dezember 1846. Trotz des kalten Wetters hatte sich eine unübersehbare Menschenmenge auf dem Migazziplatz eingefunden. Ganz Meidling und Gaudenzdorf war auf den Beinen.

„So viele Mädchen und junge Frauen, alle im heiratsfähigen Alter", stellte Hofrat Erich von Lomezin mit kundigem Blick fest.

„Kein Wunder – bei diesem Vermächtnis!" gab seine Frau Thekla spitz zurück. „Aber aus der Pfalz und aus Württemberg können diese Frauenspersonen nicht stammen, bestenfalls aus Niederösterreich."

Der Hofrat konnte nichts darauf erwidern, denn in diesem Augenblick begann die feierliche Totenmesse. Die Einsegnung nahm der Prälat von Klosterneuburg vor, dem mehrere Priester zur Seite standen.

Die neue Meidlinger Pfarrkirche Sankt Johann Nepomuk war zum Bersten voll. Ein einziger Platz am Ende der linken Bankreihe war leer geblieben. Es war der Stammplatz der Bettlerin, die nun zu Grabe getragen werden sollte; ihr zuliebe waren Hunderte gekommen, um ihr das letzte Geleit zu geben.

Hatten sich schon zu Lebzeiten der Josephine Haas etliche Leute über sie den Kopf zerbrochen – darunter auch das Ehepaar Lomezin –, so fragte sich nun halb Wien: Wer war sie eigentlich, die Bettlerin von Gaudenzdorf? Eine weitgereiste Fremde? Oder eine Verfolgte? Eine verarmte, verschuldete Adelige? Gar ein verstoßenes Mitglied des Kaiserhauses? Die wildesten Gerüchte waren im Umlauf.

Genauen Aufschluß kann wohl erst das Tagebuch geben,

dachte Hofrat Lomezin. Und das lag noch wohlverwahrt bei einem Notar in Wels.

Lomezins Gedanken wanderten um anderthalb Jahre zurück. Damals war die Meidlinger Pfarrkirche eingeweiht worden, und die Greisin war dem hohen Beamten vom ersten Sonntag an aufgefallen. Die alte Frau hatte in der neuen Kirche, in der alles noch blitzblank und sauber war, fast wie ein Ärgernis gewirkt. Kam man der Bettlerin in die Nähe, machte sich unangenehmer Geruch bemerkbar. Ihre verblichene Mantille war zerlumpt, ihr Schuhwerk zerrissen. Wirr hing ihr das bleiche Haar in das eingefallene Gesicht. Die Hände waren rauh, die eingerissenen Fingernägel starrten vor Schmutz.

Doch die Alte verhielt sich nicht so, wie man es vom Bettelvolk gewohnt war. Zwar nahm sie jedes Almosen an, das man ihr spendete, aber es fehlten ihr die Unterwürfigkeit und Aufdringlichkeit, wie sie oft Bettlern zu eigen sind. Als Thekla von Lomezin ihr einmal einen Viertelgulden zuschob, murmelte die Alte gedankenverloren: „Merci!"

Von diesem Augenblick an stand für den Hofrat fest, daß eine Frau, die auf französisch „danke" sagte, nicht als Bettlerin geboren worden war, sondern einst bessere Tage erlebt haben mußte. Mitleid und wohl auch Neugier des Ehepaares Lomezin waren jedenfalls geweckt, und die beiden besprachen sich, wie man der Alten am besten helfen könnte.

Eines Sonntags, nachdem die Messe zu Ende gegangen war, wartete der Hofrat an der Kirchenpforte und gab vor, die Ankündigungen zu lesen, die an der Tür angeschlagen waren. Seine Geduld wurde auf eine harte Probe gestellt. Endlich – die anderen Männer waren wohl schon in der Gastwirtschaft und die Frauen zu Hause – verließ die alte Frau das Gotteshaus. Wie ein Detektiv schlich Lomezin hinter der Bettlerin her. Es war nicht einfach, ihr unauffällig zu folgen, denn immer wieder hielt die Greisin an und äugte mißtrauisch nach allen Seiten, als ob sie fühlte, daß sie beobachtet wurde.

Vom Migazziplatz führte ihr Weg am rechten Ufer der Wien entlang, und je mehr er sich in die Länge zog, desto länger wurde auch das Gesicht des Hofrats. Was war ihm da nur für ein närrischer Einfall gekommen? Er, der hohe Beamte der Landesregierung, folgte heimlich einer verwahrlosten alten Frau! Nicht auszudenken, wenn ihn jemand bei seinem Vorhaben entdeckte ...

An Häusern und Gärten vorbei ging es nach Gaudenzdorf. Plötzlich wandte sich die Alte nach rechts und bog in die Franzensgasse ein. Die Franzensgasse war nach dem Kaiser Franz benannt; die Gemüsegärten rechts und links der Straße hatten einst zum kaiserlichen Hof gehört.

Lomezin trat hinter einen Baum und tupfte sich den Schweiß von der Stirn. Er bemerkte, wie die Bettlerin im Haus Nummer 739 verschwand. Es war das Eckhaus zur Schönbrunner Straße.

Eine Weile wartete der Hofrat, ob die Alte wieder zum Vorschein käme. Aber sie tauchte nicht mehr auf. Also muß sie wohl hier leben, dachte der Hofrat. Wo nur konnte er Näheres über die geheimnisvolle Bettlerin erfahren? Er entschloß sich, den Hausmeister zu befragen. So wie die Dinge in Wien nun einmal lagen, wußte wohl niemand besser als er über die Mitbewohner Bescheid.

Der Hausbesorger, ein wohlgenährter Mann mit buschigem Schnauzbart, hieß Leopold Neswata, wie das Türschild verriet. Sein anfängliches Mißtrauen legte sich, als er erfuhr, daß sein Besucher kein Polizeibeamter, sondern ein Hofrat der Landesregierung war, und als Lomezin ihm eine dicke Zigarre spendierte, wurde der Mann richtiggehend gesprächig. An der Bettlerin ließ Neswata allerdings kein gutes Haar. Sobald die Rede auf die alte Frau kam, schüttelte er sich vor Abscheu. „Sie meinen eine gewisse Frau Haas, Josephine Haas? Brrr! Der alte

Geizkragen ist ein Schandfleck für das ganze Haus, wenn Sie mich fragen!"

„Meine Frau und ich kennen Frau Haas von der Pfarrkirche her und möchten ihr irgendwie helfen", erklärte Lomezin. „Möglichst unauffällig natürlich, Sie verstehen. Die Bettlerin scheint uns auch krank zu sein."

„Der ihre Krankheit kenn' ich", knurrte Neswata. „Die heißt Geiz! Und Stolz", fügte er rasch hinzu. „Ich hab' bei ihr ausputzen wollen – gratis natürlich. Meine Frau hat ihre Sachen waschen und ausbessern wollen, aber das hat sie sich alles verbeten. Es darf niemand bei ihr etwas anrühren. Lieber erstickt sie im eigenen Dreck. Muß einen das nicht ärgern?"

„Das dürfen Sie nicht so tragisch nehmen", antwortete Lomezin. „Alte Leute haben nun einmal ihre Eigenheiten. Die alte Dame hat bestimmt bessere Tage gesehen, vielleicht sogar ihre eigene Dienerschaft gehabt . . ."

„Für mich ist sie keine Dame, sondern ein Geizkragen", gab Neswata zur Antwort.

Vom Besitzer des Mietshauses Nummer 739 in der Franzensgasse, dem wohlhabenden Bürger und Gemischtwarenhändler Leopold Ferby, erfuhr der Hofrat dann noch mehr. Ferby hatte der alten Frau vor vierzehn Monaten die winzige Kammer im Hof vermietet – trotz der Warnungen des Hausmeisters, der diese Person „nicht einmal riechen" konnte und trotz der Proteste der anderen Mieter, die nicht mit einer Bettlerin unter einem Dach leben wollten. Josephine Haas ging selten aus, vermied es, mit anderen Leuten ins Gespräch zu kommen, und nahm von niemandem Notiz, berichtete der Hausherr.

„Sie ist aus der bayerischen Pfalz über Oberösterreich zugezogen, und wenn es stimmt, was mein Hausbesorger behauptet, dann hat sie kein einziges ganzes Hemd mehr! Dann liegt sie auf einem halbverfaulten Strohsack über einem zerrissenen, ungewaschenen Leintuch. Bei Tag sitzt sie in einem schäbigen Lehnstuhl, einem altmodischen Schlafsessel, aus dessen löchrigem Leder nur mehr Roßhaarreste herausschauen. Die Hülle des Sitzpolsters ist vollgestopft mit Altpapier – das Sitzen muß eine Qual für sie sein. Aber sie rührt sich nicht weg von diesem Stuhl, ganz so, als müßte sie Wache halten. Sogar bewaffnet ist sie für diesen Zweck! Neswata sagt, auf ihrem Schoß hätte er eine alte Degenklinge gesehen. Bei jedem Geräusch vor der Tür greift sie angeblich danach."

„Das klingt ja unheimlich", warf der Hofrat ein.

Ferby nickte. „Leider ist das noch nicht alles. Ihr Geschirr besteht buchstäblich aus Scherben, die sie von der Straße oder von einem Müllhaufen aufgelesen haben muß. Die Suppe wärmt sie in einem alten Blechnapf über einem Talglicht oder einem brennenden Kienspan. Ich fürchte, daß eines Tages ihre Lumpen dabei noch Feuer fangen."

„Und dagegen tun Sie nichts?" rief der Hofrat erschüttert.

Der Hausherr senkte seine Stimme zu einem Flüstern. „Ich hab' von der Polizei einen Wink bekommen, mich nicht in das Privatleben dieser Frau einzumischen, mich nicht darum zu kümmern, was in ihren vier Wänden vorgeht. Und von kirchlicher Seite wurde mir nahegelegt, den Seelenfrieden der alten Frau nicht zu stören."

Kopfschüttelnd nahm der Hofrat Abschied.

Im Jahr 1846 folgte auf den Sommer früh ein unfreundlicher Herbst mit heftigen Stürmen. Zu Allerheiligen und Allerseelen fiel bereits der erste Schnee, danach setzte naßkaltes Wetter ein. Der Reihe nach erkrankten die Lomezins, erst die Kinder, dann die Eltern. Weder der Hofrat noch seine Frau kamen dazu, sich um die Bettlerin von Gaudenzdorf zu kümmern.

Am 15. November, dem Leopolditag, schickte Lomezin den beiden Leopolden, dem Hausherrn und dem Hausmeister, kleine Aufmerksamkeiten und ließ ihnen ausrichten, er werde in nächster Zeit bei Frau Haas vorbeischauen, gleichgültig, ob sie das wünsche oder nicht.

Doch zu diesem Besuch kam es nicht mehr. Als man den 29. des Monats schrieb, wurde das Haus in der Franzensgasse mit einem Schlag in ganz Wien bekannt. An diesem Tag fand der Hausmeister Josephine Haas, die Bettlerin von Gaudenzdorf, tot auf ihrem Strohlager. Man hatte sie schon mehrere Tage zuvor nicht mehr zu Gesicht bekommen.

Bereits wenige Stunden nach ihrem Tod wurden die wildesten Gerüchte verbreitet. Von Schätzen, die die Alte hinterlassen haben sollte, war plötzlich die Rede, von verborgenem Schmuck, von faustgroßen Edelsteinen und purem Gold.

Nach und nach kam die Wahrheit ans Tageslicht. Sie klang so abenteuerlich, daß sie den Phantasiegeschichten der Wiener in nichts nachstand.

Die Suche nach Ausweispapieren der Verstorbenen blieb zunächst vergeblich. Die Kammer war vollgestopft mit nutzlosem Zeug, alten Lumpen und Bergen von Zeitungen. In dem Zimmerchen gab es weder Tisch noch Schrank und keine einzige Schublade, in der man Dokumente hätte entdecken können. Das einzige Möbelstück war ein wurmstichiger, wackliger Lehnstuhl. Als die Gerichtspersonen das sperrige Ding vom halbverfaulten Strohlager wegschoben, fiel plötzlich ein alter, aber scharf geschliffener Degen zu Boden. Er war zwischen Stuhl und Strohsack eingeklemmt gewesen.

Der Fund der Waffe gab augenblicklich Anlaß zu neuen Gerüchten. War die Alte gar einem Gewaltverbrechen zum Opfer gefallen? War sie einem Raubmörder in die Quere gekommen, als er die Kammer nach verborgenen Schätzen durchwühlt hatte?

Nichts von all dem. Am Tod der Bettlerin war nichts Außergewöhnliches. Ein altes Herz hatte zu schlagen aufgehört. Der Arzt, den man mit der Totenschau betraute, stellte „Lungensucht“ fest, damals – im Wien der Biedermeierzeit – die häufigste Todesursache.

Als man nach stundenlangem Suchen noch immer keine Dokumente gefunden hatte, untersuchte man den alten Sessel – und siehe da! Die Polsterung des wurmstichigen Lehnstuhls bestand aus Papier. Was einmal Roßhaare ausgefüllt hatten, war durch ein ganzes Paket Papier ersetzt worden – ein Paket von fast unschätzbarem Wert. Es bestand aus Bankanteilscheinen, Aktien und Schuldverschreibungen im Wert von 400.000 Gulden.

Auch über die Person der Toten gaben die Papiere endlich genaue Auskunft. Und langsam begann sich das Geheimnis um die Bettlerin aus der Franzensgasse zu lüften. Die Tote war die – polizeilich gemeldete – Josephine Haas, Edle von Lengenfeld-Pfalzheim.

Das Aufsehen, das die Geschichte erreget, nahm noch zu, als man im Lehnstuhl auch das Testament der Verstorbenen fand. Das Vermögen war ausschließlich einem wohltätigen Zweck gewidmet, einer Heiratsausstattungsstiftung. Das Geld sollte armen Mädchen aus der Pfalz, aus Württemberg und aus Niederösterreich zugute kommen. Allerdings war eine Bedingung daran geknüpft: Die angehenden Ehemänner mußten aus dem „Land ob der Enns“ stammen. Nur jene Mädchen konnten die 800 Gulden für eine Hausstandsgründung erhalten, die sich ihren Bräutigam in Oberösterreich suchten!

Der kostbare Brillantschmuck, den die eigenwillige Alte hinterlassen hatte, war für die Krone der Marienstatue im Seitenaltar der Meidlinger Pfarrkirche bestimmt.

Das Tagebuch der Josephine Haas, in das Hofrat Lomezin später Einblick nahm, löste dann die allerletzten Rätsel um die geheimnisvolle Bettlerin, die ein bewegtes Leben hinter sich hatte. Als einziges Kind reicher Eltern hätte sie auf Wunsch ihres Vaters einen Baron zum Mann nehmen sollen, doch die

Siebzehnjährige hatte ihr Herz für einen schlichten Beamten namens Berthold Leyrer entdeckt, der aus dem Hausruckgebiet in der Welser Gegend stammte. Als der Vater des Mädchens diese Verbindung ablehnte, meldete sich der junge Mann zum Militär. Bei den blutigen Kämpfen des Jahres 1809 in Tirol wurde Leyrer schwer verwundet und erlag kurz darauf seinen Verletzungen. Ein Kriegskamerad des Gefallenen, Oberleutnant Haas, überbrachte Josephine mit letzten Grüßen den Degen des Gefallenen und ein Bündel ihrer Briefe. Drei Jahre später heiratete sie den Oberleutnant, diesmal mit Einverständnis der Eltern. Doch der Ehe war keine lange Dauer beschieden. Josephine Haas, die ihrem Mann nach Griechenland gefolgt war, mußte mit ansehen, wie ihr Gemahl 1835 von einer verirrten Kugel ins Herz getroffen wurde.

Die Witwe kehrte in die Heimat zurück. Um sich vor den Nachstellungen jüngerer Männer zu retten, denen es vor allem um ihr Geld ging, faßte sie den Entschluß, ihr Leben noch einmal von Grund auf zu ändern. Sie verließ die bayerische Pfalz, lebte eine Zeitlang in Oberösterreich, dort, wo ihre erste große Liebe zu Hause gewesen war, und verbrachte schließlich die letzten Jahre in der Wiener Vorstadt, wo sie mit voller Absicht das kümmerliche Leben einer Bettlerin fristete. Ihr Besitz vermehrte sich inzwischen tagtäglich um die Zinsen, die ihr Kapital abwarf. Das, was ihr nicht vergönnt gewesen war, wollte sie Hunderten Mädchen erleichtern: eine glückliche Ehe zu führen, frei von den ärgsten Geldnöten und Sorgen. Das Ende der alten Bettlerin von Gaudenzdorf sollte so für manches junge Mädchen zum Anfang vom Glück werden.

Als der Fall Josephine Haas die Bürger bewegte

Josephine Haas, von der hier erzählt wird, ist authentisch, das heißt, sie hat wirklich gelebt. Ihr Schicksal hat vor allem die Wiener Bürger bewegt. Von den Arbeitern, Taglöhnern, kleinen Handwerkern oder Webergesellen wird wohl kaum jemand so viel Verständnis oder Mitgefühl für die alte Frau aufgebracht haben wie der beamtete Hofrat von Lomezin oder der wohlbestallte Hauseigentümer und Gemischtwarenhändler Leopold Ferby. Die vierziger Jahre des 19. Jahrhunderts wurden auch die „hungrigen Vierziger" genannt. Die neuentstandenen Fabriken hatten in jenen Jahren als Folge katastrophaler Mißernten Tausende Menschen auf die Straße gesetzt. Auch wenn die Menschen Arbeit hatten, war ihr Leben schwer genug. Erwachsene mußten täglich 14 bis 16 Stunden arbeiten, und der Lohn war gering. Frauen und Kinder mußten für noch weniger Geld arbeiten. Erst 1842 wurde die Arbeit von Kindern unter zwölf Jahren verboten, trotzdem werkten weiterhin viele Kinder ab ihrem neunten Lebensjahr. Nun aber, nach den Entlassungen, waren die Menschen vollkommen unversorgt und sahen dem sicheren Elend entgegen.

1847 wurden angeblich allein in Wien zehntausend Arbeiter brotlos, vor allem in den Vorstädten Schottenfeld und Mariahilf. Wie verzweifelt die Lage für viele Menschen wirklich war, zeigten die sogenannten „Brotkrawalle": Die hungrige Menge stürmte 1847 die Bäckerläden in Gaudenzdorf und plünderte sie. In den ersten Märztagen des Jahres 1848 kam es wegen neuerlicher Teuerungen zu Arbeiterversammlungen in Gumpendorf und Gaudenzdorf.

Schließlich war die Not so groß geworden und auch die Verbitterung darüber, daß man seine Meinung nicht frei heraussagen durfte, weil der Staat seine Bürger überwachte und bespitzelte, daß es im März 1848 zur Revolution kam. Arbeiter, Bürger und Studenten kämpften gegen die herrschende Schicht.

Die Revolution wurde niedergeschlagen, die Probleme aber blieben bestehen.

Quellenangabe

Arbeitsgemeinschaft: *Auf der Wanderschaft.* Anhang zum ö. Lesebuch „Mein Heimatland". Verlagsgemeinschaft HPT, Leykam, J & V, Wien 1946
Danszky, Eduard P.: *Der Schatz im Sessel.* Frische Saat Nr. 54, St. Gabriel Verlag, Wien–Mödling
Gsteu, Hermann: *Länderkunde Österreichs.* Tyrolia Verlag Innsbruck–Wien–München 1957
Gutkas, Karl: *Geschichte des Landes Niederösterreich.* Niederösterreichisches Pressehaus Druck- und Verlagsges. m. b. H., St. Pölten 1983, 6. Auflage
Hohlbaum, Robert: *Aus der Sagenwelt der Donau.* Union Deutsche Verlagsgesellschaft, Stuttgart 1941
Schwab, Günther: *Das Gespenst in der Stuwerstraße.* Jahrbuch IV des Österr. Buchklubs der Jugend, Wien 1960.
Petzoldt, Leander: *Deutsche Volkssagen.* C. H. Beck, München 1978, 2. Auflage
Stebich, Max: *Das große Wiener Sagenbuch.* Verlag für Jugend & Volk, Wien
Tauschinski, Oskar Jan: *Der Spiegel im Brunnen.* Verlag Jungbrunnen, Wien–München 1974
Witzmann, Reingard: *Mein Wienbuch – Auf den Spuren der Stadt.* Jugend & Volk, Wien, 2. Auflage 1991
Wohanka, Emmy: *Wiener Sagen.* Verlag für Jugend & Volk, Wien 1963
Vernaleken, Theodor: *Mythen und Bräuche des Volkes in Österreich.* Wien 1859